Dios, la Mujer y Su Enemigo

Joseph Brice

ISBN: 979-8-2153018-1-4

A menos que se indique lo contrario, las Escrituras están tomadas de la versión Reina Valera (RVR1960).

Dedicatoria

A medida que iba trabajando en este proyecto, me di cuenta de lo mucho que se necesita para que dos personas se conviertan en una. Verdaderamente he aprendido mucho en estos 3 años y ½ medio de sacrificio para lograr este objetivo. Mucho más que una compañera y más que un apoyo, mi esposa Janet ha demostrado creer en mí y en lo que estoy llamado a hacer. De manera desinteresada y sacrificada, mi esposa ha contribuido a que este libro llegue a buen puerto. Sin duda, eres leal, fiel, dedicada y devota a tu Dios, a mí y a tu familia. Tú eres mi mujer de Proverbios 31, una hermosa persona por dentro y por fuera; tu corazón lo dice todo y se ha convertido en mi ansiado tesoro. ¡Te amo y te doy infinitas gracias!

Agradecimientos

Quisiera reconocer a la familia de Kingdom Rights y a mi comunidad de creyentes; no hay otras personas como ustedes. A la familia del Reino de Dios, Cristo y el Espíritu Santo.

Howard Cottman, quien estuvo conmigo más cerca que un hermano. Eres realmente un envío de Dios... gracias por todo lo que has hecho y haces.

Shakia Quickley quien creería que llegarías tan lejos. Estoy muy agradecido por tu apoyo y tu compromiso eterno.

Geneva Cottman la más reciente de las adiciones a la familia, aunque fiel a la causa y un amoroso apoyo a la misión. Gracias.

Richard y Sandra Eular, han sido tan decisivos para nuestra visión. Dios los uso como una señal para nosotros en nuestro movimiento en el 2020. Su obediencia a Dios nos alentó aún más para avanzar y no retroceder con nuestra visión en lo que sería el mayor desafío en la historia moderna. Gracias.

También a todos los supervisores, editores, correctores, editores, artes gráficas, diseñadores de la web, marketing y todos los que estuvieron involucrados en hacer posible este proyecto.

Gracias por su intensa labor.

Nota del autor

Mujer... eres la obra maestra de Dios, ser quien fuiste creada para ser; cualquier otra cosa es una copia barata de tu original. El enfoque de Dios es tu propósito... debería ser el tuyo también."

Hay personas que están en tu vida para ayudarte a lograr tu propósito, mientras que otras te son asignadas para destruir tu propósito, matar tus sueños y a la larga tu vida...

Existen personas que siempre cuentan con que tú estés ahí para ellos, pero nunca puedes contar con que ellos estén ahí para ti... hazlos responsables o no contemos con ellos para nada. El egoísmo tiene una cara...

"Cuando el amor está en juicio, Dios es el único cualificado para juzgarlo".

Joseph Brice

CONTENIDO

Sobre el autor

Joseph Brice es el fundador y pastor principal de la Iglesia Kingdom Rights en Birmingham, Alabama. Lo que más le apasiona es presentar el Reino de Dios a los hambrientos y sedientos de Dios y a los que quizá nunca lo hayan conocido en primer lugar. Joseph Brice tiene como objetivo conciencia sobre la oportunidad divina de ser más que miembros de una iglesia, sino también de ser hijos e hijas de la iglesia. Destaca la importancia de comprender y conocer sus derechos tras convertirse en ciudadanos de Su reino. Brice se dedica a ser un orador, a construir, a ser esposo y padre. Vive en Birmingham con su esposa, Janet, y sus dos hijas, Cianilyz y Briché.

Prefacio

Capítulo 1: Irreemplazable

¡Soy un Maestro!

¡Soy el Maestro de los ángeles caídos y de los demonios; ellos son mis esclavos; ellos hacen todos los trabajos sucios; ellos ponen el trabajo que yo soy demasiado sofisticado para hacer porque generalmente no me ensucio las manos a menos que sean los casos especiales! Puesto que yo tomo las decisiones... ¡todo lo que es injusto, odioso, engañoso, malvado y perverso está bajo mi autoridad! ¡Yo soy el "quíntuple terror", que gobierna a todos los que se aman a sí mismos y a las cosas materiales más que a la vida!

Satanás es mi mano derecha, ¡y es mi alter ego! Es a él a quien he elegido que le daré un hijo. ¡Pero debo detenerme! ¡Porque yo *soy* Lucifer, Satanás, el Diablo, la Serpiente y el Falso Profeta! Todos ellos son yo... ¡pues yo soy el Múltiple! ¿No me conocen? ¡Ja! ¡Yo era la obra más grande de Dios! Yo era "El Sol de la Mañana" - esa sensación que se tiene con un hermoso nuevo día, bueno, ¡ese era yo! Yo era "La estrella brillante de la mañana". Sí, ese era yo. ¡*Soy* Lucifer, la Estrella de la Mañana! ¿No me conocen? Soy el poder del pasado.

Aprovecho el pasado para destruir tu futuro, y luego hago que sea casi imposible olvidar el pasado porque mis mejores días han quedado atrás, pero no puedo dejar que todos sepan esto de mí.

Soy Lucifer, y no trabajo en las trincheras. Eso es inferior a mí; ¡envío a Satanás (mi alter ego) y a mi tripulación a ustedes! Son ellos quienes hacen todo mi trabajo sucio, para que yo pueda ser libre de manipular y organizar otras muertes. ¡No tienes ni idea de lo que soy! ¡Yo solía dirigir el universo! ¿Te crees algo con tus pequeñas posiciones? Sí, así es, ¿esos puestos de poder pequeños que tienes y hablando de poder? ¡Yo tenía poder! ¡Se me confió el poder de Dios! ¡Era como Dios, y era un Dios! Era lo más parecido a ser Dios. Pero mi "ego" no me dejaba estar contento con ser el segundo; ¡porque quiero ser el número uno! *Debo* ser el número uno, como un disco de éxito. Después de todo, ¿quién quiere ser el número dos en éxitos o en álbumes del país? Esto es así en todos los ámbitos. Soy egoísta, ¡así que estoy lleno de orgullo!

¡Nadie es más arrogante que yo! ¡Yo *soy* el más grande! Nadie podría acercarse a lo que yo era... ¡ni siquiera cerca! ¡Pero el orgullo me metió en problemas! Lo tenía todo, pero quería más. ¿Es posible tener más? Pues bien, cuando miré al Dios Altísimo, quise ocupar su lugar; quise ser Él y quise que Él supiera lo que se siente al ser yo. Bueno, Él siempre ha estado en la cima, y yo quería saber lo que se siente, ¡ser el número uno! Ahora no actúes como si no supieras de lo que estoy hablando. Hay muchos de ustedes trabajando para mí en este momento, tratando de llegar a la cima, ¡y sé que están dispuestos a vender su alma para llegar allí! ¡Estamos manteniendo la realidad! Al fin y al cabo, esto es lo que empezó la primera guerra en el Cielo... la lucha por estar en la cima; ¡el orgullo y la codicia!

En realidad pensé que tenía a Dios y al Cielo en la mira, ¡pensé que era insustituible! ¡Así que muchos de ustedes piensan como yo porque *son* yo! Soy tan egoísta. Sacrifiqué los reinos enteros por mis deseos y anhelos. Nunca pude ver más allá de lo que quería. Comencé la primera competencia en el Cielo. Nunca había habido competencia allí, pero todos trabajamos juntos para completar la visión.

Sé que algunos saldrían perjudicados, pero ese es el precio que estaba dispuesto a pagar. Soy tan valioso que Dios no se atrevería a hacerme nada. De hecho, ¡pensé que Dios no podría hacerlo sin mí! Porque me considero como Dios: soy el sustituto de Dios, ¡este es mi sueño! ¡Quiero ser Él! Y mientras yo trabajaba en mi plan para ser el número uno, Dios estaba desaparecido, o al menos eso es lo que yo pensaba. Parecía como si Él pusiera todo lo que tenía en mis manos y me diera espacio para hacer lo mío. De todas formas, ¡estaba acostumbrado a dirigir la mayoría de las cosas! ¡Así que iba a por todas! Fue durante este tiempo cuando todo cambió.

Todos descubrimos más tarde, demasiado tarde, que Dios estaba allá abajo, en el segundo Cielo, trabajando en una nueva cosa, en un nuevo proyecto. Todos estábamos en el tercer cielo, donde vive Dios. Era el lugar donde había que estar, la Corte del Rey. Hasta ese fatídico día en que Dios convocó esa reunión, ¡nunca lo olvidaré! Me preguntaba: "¿De qué puede tratarse esto?". Dios empezó a hablarme de mi orgullo, de las reuniones secretas y de la iniquidad de mi corazón. Yo traté de defenderme, pero mientras más hablaba, ¡más mentía! Verás que Dios no lleva muy bien que le mientan. Me despojó de mi autoridad, belleza y gloria, pero sorprendentemente me permitió conservar mis talentos, dones y unción. ¡No podía creer que me permitiera conservar algo!

¡Luego me echó! ¿Puedes creer esto? ¡Me echó de su reino! Este es el principio de mi fin. Y mientras caía, me transformaba en otra cosa.

En el momento en que Dios esté listo, revelará lo que ya está aquí; revelará la respuesta. En lo que respecta a la inteligencia de ese nivel infinito, confía en esto: la respuesta siempre viene antes que la pregunta. Cuando pensamos en una pregunta, hay que saber que la respuesta estuvo primero oculta hasta que llegó el momento de revelarla. Lo llamamos descubrimientos e inventos. Dios concede al hombre el conocimiento, las habilidades y las capacidades; esto es lo que nos hace semejantes a Él. La forma en que usamos estos dones determina si somos como Él o como ellos, "los ángeles caídos".

Sucede lo mismo con la verdad y la mentira. Una mentira viene de una verdad torcida, pero la verdad no puede venir de una mentira torcida. ¿Por qué? Debido a que la verdad fue primero y siempre estará aquí mucho después de que la mentira se disipe. Recuerden, Lucifer comenzó bien también pero no perduró hasta el final. Entiende esto, puedes ser ungido y no tener a Dios, pero no puedes tener la gloria de Dios sin tenerlo. ¡La unción es un regalo de Dios, pero la "Gloria" es Dios! La unción es un regalo para usar en la vida para la vida, y por otro lado, la Gloria es la vida. Muchos de nosotros no entendemos esta diferencia y nos impresionamos con los que simplemente son ungidos.

¡No me conocen! ¡Yo fui la obra más grande de Dios! ¡Se me confió el poder de Dios! Yo era como Dios. ¡Yo era un

Dios! Yo era lo más parecido a ser Dios. Lucifer, Satanás, ese Viejo Diablo, la Serpiente (Dragón), el Falso Profeta. Lucifer; él era la criatura viviente más grande además de Dios mismo. Él fue creado para este propósito. Él era el Director General del Cielo, pero por supuesto, Dios es el Originador, Creador, Fundador y Dueño. Por lo tanto, Lucifer fue degradado; fue expulsado del Cielo por razón de traición y de desobediencia. Ha organizado una rebelión contra el Reino de Dios. Rompió las leyes sobre las que se estableció el reino. Se encargó de intentar derrocar el reino. La Serpiente es el estado degenerado de Lucifer. Debido a lo astuto y engañoso que se había vuelto, se convirtió en una serpiente.

Lucifer era un príncipe, un gobernante en el Cielo. Su caída fue fulminante. Fue despojado de su autoridad en el reino celestial. Cuando fue derribado, todavía tenía su entrenamiento y educación sobre el gobierno o el orden del reino. Mi "ego" no me dejaba ser feliz con ser el segundo. ¡Quiero ser el número uno! ¡Tengo que *ser* el número uno! Al igual que un disco de éxito, ¿quién quiere ser el número dos del país? Esto es así en todos los ámbitos. ¡*Soy* el ego! ¡Nadie es más arrogante que yo! Me enseñó personalmente el mejor, "¡el Gran Yo soy!" No hay nadie que pueda acercarse a lo que yo era... ¡ni siquiera cerca!

¡El orgullo me metió en problemas! Lo tenía todo pero quería más. ¿Es posible tener más? Es curioso, nunca estaba satisfecho.

Cuando miré al "Dios Altísimo" quise tomar su lugar. Quería ser Él y quería que Él supiera lo que se siente al ser yo. Bueno, ¡Él siempre ha estado en la cima! ¡Quería saber lo que se siente al ser el número uno! Bueno, no actúes cómo si no supieras de lo que estoy hablando. Hay muchos de ustedes trabajando para mí en este momento, tratando de llegar a la cima, ¡y están dispuestos a vender su alma para llegar allí! Cuando estás dispuesto a hacer cualquier cosa para estar en la cima, yo soy tu fuente.

Esto fue lo que comenzó la primera guerra en el Cielo; la lucha por estar en la cima; ¡el orgullo y la codicia! No estar satisfecho con mi propósito. Realmente pensé que tenía a Dios y al Cielo en la mira. ¡Pensé que era insustituible! Muchos de ustedes piensan como yo porque son como yo. Somos familia. ¿Dónde están mis cabras?

Soy tan egoísta que sacrifiqué todo el reino por mis deseos. Yo no pude ver más allá de lo que quería. Supe que algunos saldrían heridos, pero ese es el precio que estaba dispuesto a pagar. Soy tan valiosa; ¡Dios no se atrevería a hacerme nada! Pensé que Dios no podría hacerlo sin mí porque me considero Dios. Me veo sustituyendo a Dios. ¡Este es mi sueño! ¡Quiero ser Él! Mientras trabajaba en mi plan para ser el número uno, Dios estaba desaparecido, o al menos eso es lo que yo pensaba. Parecía que Él me daba espacio para hacer lo mío. De todos modos, ¡yo estaba dirigiendo todo! ¡Así que iba a por todas! Fue durante este tiempo cuando todo cambió. Después descubrimos todos, ya demasiado tarde, que Dios estaba abajo, en el segundo Cielo, trabajando en una cosa nueva, en un nuevo proyecto. Todos estábamos en el tercer Cielo, ¡y ahí es donde vive Dios! ¡Ese era el lugar, el club! Cuando Dios convocó esa reunión, ¡nunca lo olvidaré! Me preguntaba: "¿De qué puede tratarse esto?". ¡Dios comenzó a hablarme de mi orgullo, de las reuniones secretas y de la iniquidad de mi corazón! Intenté defenderme, pero cuanto más hablaba, ¡más mentía! Verás que a Dios no le gusta que le mientan.

No se sabe lo que Dios hará ahora sin mí. Este es el principio de mi fin. Mientras caía, comencé a transformarme en otra cosa. No sé qué era esto. Fue feo, y no estoy contento por esto.... ¡alguien va a pagar! Así que, no importa cómo lo miremos, todos somos parte de un reino y una familia. La familia de Dios es la original, y la división de ese reino es la razón por la que luchamos tanto aquí en la tierra. El reino de la luz o el reino de las tinieblas, las fuerzas del bien o del mal, el amor o la lujuria, el amor o el odio. Independientemente de la cantidad de negocios, o familias, gobiernos, ejércitos, animadores, o casas de adoración... solo hay dos reinos. La Serpiente trabaja para su jefe, Lucifer, y representa la sabiduría y la astucia. Ha dominado el dar lo que queremos a cambio de placer y él gobernar nuestras vidas y ser el centro de nuestra adoración. Sé cuidadoso y atento durante cualquier tipo de adoración, para que sepas lo que estás adorando y saber si es de Dios.

La Serpiente, ¿quién es y qué es? Es el mayor enemigo que tendrá la Mujer. El temperamento es su carácter, su propósito y su posición caída. Hizo su debut junto con la Mujer en el Cielo (la eternidad). En el principio, cuando Eva estaba en el Jardín, él era la astuta y sabia Serpiente. Él es el hablador suave. La convenció de que abandonara su hogar; su marido, sus hijos y la vida buena y segura que había conocido. Ella lo tenía todo, y de alguna manera él le hizo sentir que le faltaba algo. Lo cierto es que la robó. Se hizo amigo de ella y se ganó su confianza. Después le quitó la confianza en su Dios y en su marido. Él le ofreció poder y autoridad igual a los de Dios, pero eso no existe, así que le mintió.

Todos debemos encontrar nuestro carril, nuestro

propósito de vida, y permanecer en él. Aquí encontrarás de nuevo a la Serpiente, pero ahora en el tiempo. Verás que se mantuvo al margen hasta que Dios hizo a la mujer. No tenía interés en el hombre; era la mujer lo que quería. Él sabe que si tiene a la Mujer, lo tiene todo. Ella es la fuente de vida y la productora de vida. Ella es la compañera de Dios para la vida. Ella establece el tono del hogar. Ella es el fundamento sobre el que se construyen todas las cosas.

El misterio de la Mujer, parece tan simple y a la vez complicado, porque ella no sabe quién es. Si ella permite que un hombre la alcahuetee, ¿por qué no se alcahuetea a sí misma? Sé que te necesito para el trabajo, pero no estoy dispuesto a pagarte lo que vales. Temo que mostrarás esa gloria que no tengo pero necesito para ganar.

El trabajo de tu enemigo es robarte tu identidad, luego se adueña de ella, y entonces tendrá tu confianza. Él necesita tu poder, y a cambio, te dará algo de autoridad. Pero ¡oh, la Mujer ya es poderosa y tiene autoridad! De nuevo, solo que ella no lo sabe. Cuando no entiende esto, entonces escucha a su enemigo, la Serpiente, y usa los talentos y el poder que Dios le ha dado para darle poder a su enemigo, el Satanás. Entonces él lo usa contra ti para romper el hogar, el negocio, el matrimonio, o empezar una guerra.

¡Satanás te necesita! ¡Él no es nada sin ti! Escucha la voz dentro de ti; ¿es la voz del bien o del mal? ¿Estás construyendo una vida o derribándola? ¿De dónde creemos que el compositor obtiene su material? Quién es la inspiración para dramaturgo o el guionista? Sí, tiene voz, pero sobre todo detrás de la escena. ¡¿Dónde están tus regalías, O! Real Uno de los Altísimo?

¡La dura realidad es que la Mujer es el sustituto de Lucifer!

Capítulo 2: La obra maestra

Ella es la más grande de todas las creaciones de Dios; una obra maestra.

La mujer fue creada desde el principio para ser una solucionadora de problemas. Fue creada por necesidad. Fue creada con mucho pensamiento y gran pasión, mucha paciencia, muchos talentos y dones, mucho amor... de hecho,
¡el mayor amor de todos! Ella fue imaginada, fue modelada y fue creada con el corazón y la mente de Dios.

Intenta imaginar que te traiciona tu amigo más cercano, o tu compañero, tu cónyuge, tu pareja, tu madre, tu padre, tus hijos, tu trabajo o tu religión, cualquier persona a la que hayas entregado tu corazón. Ahora, junta toda esta traición y trata de ir a trabajar y ser productivo. Esto es lo que hace que la mujer sea "la gran maravilla". ¡Porque Dios la creó cuando estaba en su mayor dolor! Dios la creó cuando Él estaba sufriendo; ¡cuando todavía había permitido que Lucifer estuviera al mando! Dios sacrificó Su felicidad por el bien de Su Reino-Su Cielo. ¡"El Dios Altísimo" se sentía abatido! "El Más Exaltado" se sentía débil. "El que existe por sí mismo" estaba herido y dolorido. Nunca conoció el dolor antes de esto. Su corazón se rompía en innumerables pedazos. Y con el corazón roto, Dios bajó al segundo Cielo. Recuerda, Su hogar está en el tercer Cielo, muy por encima de todo en la creación y las galaxias. Porque Él vive en la eternidad, que es intemporal.

Luego de la traición de Lucifer y de sus intrigas para tomar el control, la confianza de Dios en él quedó dañada para siempre. Pero Lucifer tenía un secreto: estaba celoso de Dios.

Dios, que es su Maestro y Creador. Estaba celoso de Aquel que lo creó. Quería todo lo que Dios tenía, incluyendo su vida. Quería el plan y la visión de Dios. Quería la gloria y el crédito de toda la obra de Dios.

¿Puedes imaginar a una persona que te admira y dice amarte pero que en realidad te envidia y te odia al mismo tiempo?

Los poderosos no podrían tener el poder que poseen si no les hubiera sido dado desde el cielo. Porque Dios es el distribuidor del poder. Así como Él le dio a Lucifer este poder, del cual hizo mal uso, nosotros hacemos lo mismo en la tierra. Ahora Lucifer es la SEGUNDA creación más grande de Dios. Enfatizo esto porque la mayoría de la gente no sabe ni tiene idea de cómo llegó a existir.

La historia cuenta que la seguridad del Cielo estaba en peligro, y nadie más que Dios lo sabía. El plan no estaba escrito en papel, sino en el corazón de Lucifer. Por eso Dios juzga solo el corazón, y los hombres juzgan la apariencia exterior, que es superficial y por tanto impía.

En efecto, Dios podía ver el odio de Lucifer hacia Él, sus celos, su plan asesino y su toma de posesión hostil. Ahora bien, ¡presta atención! Dios, siendo consciente del plan de Lucifer, pensó que era imperativo que hiciera algo al respecto, "pero ¿qué?" Aquí es donde todos deberíamos tener realmente respeto por Dios. Ya que esto es muy anterior a nuestra existencia como seres humanos; este es el relato del dilema del Cielo.

Los problemas comenzaron allí primero; es el lugar de origen de los problemas. Entiende esta imagen: Lucifer es el socio de Dios, y fue creado por el "genio creador" de Dios. Dios creó a Lucifer por amor. Pero algo salió mal en el camino. Puedes tener un hijo de una relación amorosa, y cuando ese hijo crece, de repente, cambia, y puede parecer que ni siquiera conoces a tu propio hijo. Lo mismo puede ocurrir en un matrimonio, dejando que te preguntes: "¿Quién es esta persona que está a mi lado?". Te doy estos paralelismos para quitarte esta fantasía y engaño que la religión ha hecho nacer a Satanás.

Todo tiene un origen, "La eternidad es anterior al tiempo". Debes saber esto: Lucifer es una creación de Dios, creado para servirle; esta es su tarea. Al servir a Dios, no le está haciendo un favor a Dios: es su trabajo; es para lo que fue creado. Es similar a la película *Yo, Robot,* en la que el robot fue hecho para servir, no para tener su propia mente. Piénsalo, ¿de dónde sacaron los guionistas esta idea para una película? Vino de Arriba porque Dios está tratando de decirnos algo a lo largo de nuestro viaje.

¿Por qué tenemos tantas películas e incluso cómics de antaño en los que el argumento siempre trata de una batalla entre el bien y el mal? Siempre hay alguien que intenta apoderarse del mundo con malas intenciones. Siempre hay alguien que va en contra del orden natural de las cosas.

¿Quién es el verdadero autor de estas historias? Es el Gobernante del Cielo que está con nosotros todo el tiempo. Volviendo a nuestra historia, ahora Dios estaba dolido y necesitaba hacer algo. Si destruía a Lucifer por lo que sabía, parecería que Dios había perdido la cabeza, y el Cielo se alborotaría. Porque nadie en el Cielo había conocido el miedo o la muerte antes de esto.

Jamás habían experimentado una discusión o un desacuerdo porque todo lo que Dios dice, se hace; todo lo que Él desea, se cumple.

Lucifer recibió amor como una madre, un hermano y una hermana porque estos no son relaciones de género sino seres de amor. Son seres que tienen dones y talentos para el buen vivir y la felicidad. ¡Lucifer fue y sigue siendo el más talentoso, el más inteligente, el más bello, el más respetado ser de manifestación jamás creado! ¡Él lo es todo! Él está a cargo de todos los "bienes de la sensación" del Cielo. Por eso nos encanta que nos entretengan; ¡nos hace "sentir bien"!

El Cielo no es más que un lugar hermoso. Como un día de bodas interminable, siempre hay solo alegría y paz, donde todos son felices. Pero era solo cuestión de tiempo antes de que Lucifer actuara sobre lo que había en su corazón. Lucifer era el ser que los ángeles debían respetar y seguir por designio de Dios. Aguardaban sus instrucciones como niños pequeños, dependiendo de su madre para que el día comenzara. Dios había hecho de Lucifer todo para ellos.

¡Pero recuerden, Dios es espíritu, y Lucifer es un ser tangible, ¡manifestado! ¡Él gobernaba desde un trono! Él era la realeza, no como los reyes de la tierra que van a la guerra por el botín para obtener riquezas, ¡pero fue creado rico! No conocía más que los principados y las potencias;

¡conocía el reino!

Por eso es ridículo que estemos divididos por la raza, la religión, las denominaciones, las orientaciones y cualquier otra distracción. ¡La verdadera batalla es sobre el reino! Nosotros usamos estas cosas como el impulso a nuestros propósitos demostrados a través del odio o el amor, pero todo comenzó con el reino Divino, y es allí donde terminará. Satanás como ángel caído del Reino de los Cielos, conoce el poder y la gloria de ese reino. Él ejerce la autoridad que se le ha dado, y aún en sus malas acciones, no abandona los principios del reino. Dichos principios son la verdad que no puede deshacerse, como la ley de la gravedad, que no está sesgada ni tiene prejuicios. Funciona para todos y cada uno, se crea o no en ella. Creer es un beneficio para nosotros. Estas cosas están en su lugar por una razón y, más que menos, por nuestro propio bien.

¿De dónde vienen nuestras emociones, nuestros sentimientos y nuestros retos? ¿Todo se genera desde nuestro interior? No. Todo esto es más grande que todos nosotros, y todo se reduce a la guerra que comenzó en el Cielo, ¡y debemos llegar a comprenderlo!

Vivimos en una época en la que el conocimiento aumenta rápidamente, entonces, ¿por qué Dios no debería compartir las revelaciones con nosotros? ¿Por qué deberían sus hijos estar en la oscuridad? El mundo está suficientemente oscuro. Podemos ser las luces del mundo. ¿Pero de dónde sacamos la fuerza para seguir adelante cuando todo parece fallar? ¿Cómo podemos tener éxito? Yo te digo que es el Reino, es el Creador en nosotros, las características del Padre del Reino.

De ahí que Dios haya ideado un plan. Por el bien de Sus hijos (en este caso, los ángeles). Él no expondría a Lucifer y su trama de maldad. Ahora bien, en ese momento, Lucifer era la mayor obra de Dios. Su canción de éxito, su mejor disco, su mejor modelo, su mejor película, su mejor atleta, su mejor novela, su mejor negocio y su éxito conocido. ¿Podría Dios superar esto? Bajó al segundo cielo y se humilló hasta sus propios comienzos. Volvió a trabajar, una vez más, en su mayor éxito. Su mejor y más grande creación.

Recordó sus días solitarios de tener un sueño. Sí, ¡incluso Dios tiene sueños! ¿De dónde crees que se origin el sueño? Él se alejó de la alabanza, se alejó de la gloria, y se alejó del centro de atracción. Se puso a trabajar mientras sufría. "Si quieres lo que nunca has tenido, debes estar dispuesto a hacer lo que nunca has hecho". Así, Dios estaba herido y trabajando a través de su dolor.

¿Te suena esto? "No hay nada nuevo bajo el sol, lo que

es, ya ha sido". Él no podía compartir su plan con nadie. Él no podía confiar en nadie esta vez. Esta visión era tan grandiosa, y Dios necesitaba sacarla de inmediato. ¡Estaba trabajando con la velocidad de Dios! Esta creación que era totalmente nueva, ¿cómo será recibida, pensó? Así que Dios trabajaba aun bajo este dolor y bajo este dolor aun trabajaba. No podía parar. El cielo se preguntaba qué estaba pasando, pero Dios no quiso exponer su plan. Por otro lado, también había un secreto en las obras de Lucifer.

Lucifer se dirigía a los ángeles con cosas que eran contrarias a lo que Dios le había encomendado. Algunos de los ángeles eran reacios a obedecer sus órdenes porque conocían a Dios y cómo Él es tan particular en cuanto al orden y el protocolo. Algunos estaban convencidos de que estaba bien desviarse un poco porque Lucifer estaba al mando en ausencia de Dios. Pero lo que no sabían es qué Lucifer estaba jugando con las palabras y modificando poco a poco el orden, las Leyes y el Orden que Dios ha puesto en marcha. Aquí está el primer caso de un oportunista en acción, aprovechándose de la situación mientras viola la confianza que Dios tiene en él.

Dónde Lucifer pensó que podía salirse con la suya con su conspiración, Dios ya lo sabía porque puede leer el corazón. El corazón le habla a Dios incluso cuando la boca está cerrada, pero aquí está el asunto, nadie sabe esto, sino Dios. Lucifer era tan arrogante y lleno de sí mismo que realmente creía que era insustituible. Lo cierto es que el Cielo se manejaba como un reino, pero su esencia radicaba en la sensación de un hogar, en su mayor parte, con todas las comodidades imaginables. Se trata de un entorno de amor, y Dios es el "dictador amoroso", como un padre. Por lo tanto, cuando Lucifer estaba reclutando a los que se rebelarían, revolucionando para una democracia, Dios vigilaba porque había trabajado demasiado para permitir esta toma de posesión. No obstante, Lucifer, que está rebosante de sí mismo y de orgullo, continuó conspirando. No importaba lo costoso que fuera y cuántas vidas fueran destruidas a su paso, Lucifer estaba cegado por sus propias ambiciones.

Lucifer no tenía ninguna experiencia fuera de las puertas protegidas del Cielo. Estaba lleno de ideas no probadas. Creía que tenía una mejor manera de vivir, poniendo mucho énfasis en la adoración y la posición de poder. Deseó más y más adoración y alabanza, únicamente para él. Él es el ser físico y el foco material de todas las cosas adoradas. ¡Poco sabía él que Dios ya estaba trabajando en su reemplazo! A Lucifer se le había dado tanto amor, autoridad y poder, pero lo dio por sentado y sé creyó insustituible. La cuestión es que su arrogancia y orgullo se convirtieron en su perdición. Olvidando quién lo hizo y para qué fue hecho, Lucifer estaba tropezando.

Mientras Lucifer hacía lo suyo y pensaba que se salía con la suya, Dios estaba ocupado en su mayor obra hasta la fecha. Estaba trabajando en algo totalmente diferente a todo lo que había hecho antes. Pensó para sí mismo: "Tiene que ser glorioso, bello, agraciado, fuerte pero suave por naturaleza, talentoso, nutritivo, solidario, dedicado, paciente, cariñoso, amable, apasionado, confiado, compasivo, emocional y cuidadoso. Tiene que ser como Él, pero diferente, creativa, adorable, irresistible, elegante, fiel, digna de confianza, de carácter piadoso, creativa y productora de vida: una criatura multifacética".

Nada de lo que Dios había creado hasta ese momento estaba preparado para dar vida. Esto era. Era similar a Lucifer, pero mejor. ¡Dios se había superado a sí mismo!

La formó a partir de su gloria y se maravilló de su creación: "Está equipada para dar vida". Hasta este punto, Dios y Su palabra crearon todo. Se produjo la vida por lo que Él dijo. ¡Ahora, esta nueva creación fue dotada con la habilidad oculta de producir vida desde su cuerpo! ¡Esto nunca se había hecho antes!

"Esto es impecable, sin defectos, perfecto, sin mancha, sin faltas, inmaculado... ¡vaya! ¿Qué es, cómo lo llamamos?" Él mismo se contestó: "¡Mujer!".

Esta era la mejor obra de Dios hasta la fecha, pero nadie estaba allí para verlo. Solo las estrellas y los planetas eran sus testigos. Entonces Él la miró y pensó: "¡Está formada pero sin vida!". Así que Dios la llenó con su propio Espíritu, ¡y se convirtió en un alma viviente!

¡Ella es la MUJER! Ella representa el comienzo de la curación del corazón roto de Dios. ¡Ella le trae a Él una alegría indecible! Ella está viva y se enfrenta a su Creador... Ella es hermosa e Inocente. Al crear a Lucifer, lo vistió con un abrigo de diamantes, similar a un vestido de novia con cola. ¡El abrigo emitiría esta gloriosa y radiante iluminación! Llenaría el lugar con una sensación. ¡Cualquiera sabría cuándo esa gloria estuviera en la habitación!

Ahora, para esta nueva creación, Dios planteó la pregunta: "¿Podría ella superar la gloria de Lucifer?" Él pensó, "¡Ella debe!" Hasta ahora, los Cielos no conocían la competencia. ¡Esta se había convertido en la primera competencia oficial! Mientras estaba en su vestuario, entró en sí misma y se dio cuenta de que su creación tenía un sentido.

Debido a las circunstancias, tenía una ventaja competitiva natural para ella. "¿Cómo debemos vestirla? Es diferente, sin duda, pero igualmente queremos que destaque y sea notablemente diferente sin que diga una palabra. Solo su presencia llenará el lugar donde y cuándo ella entre".

"Ella debe ser gloriosa con cualidades divinas... ¡ella es el otro Yo! Está desnuda sin pudor y no se avergüenza; ¡es una belleza natural! Ella lo es todo, pero ¿cómo la vestimos?". Pensó: "¡Con la Gloria!". Dios reunió el sol, la luna y algunas estrellas para la ocasión. Comenzó a vestirla porque ella es como Él, y debe manifestar lo que el Cielo aún no ha visto. "¿Puede ella manejar la mayor gloria disponible?" Dios comenzó a vestirla por primera vez, y sus vestiduras no habían sido usadas antes... pues tal creación era inédita.

Él tomó el sol en Sus manos y comenzó a hacer un patrón como una costurera para hacer su vestimenta. ¡Se emocionó al ver cómo podía manejar el sol! Dios es la luz más grande, y la hizo de sí mismo; la siguiente luz más grande es el sol, ¡y ahora ella está vistiendo el sol! El sol es la luz que gobierna el día, ¡y esta criatura lo llevaba como un abrigo! Luego Dios puso bajo sus pies la luna, que es la luz que gobierna la noche.

Entonces Dios la miró y dijo que debía tener una corona

porque "he encontrado a mi Reina". Los Cielos nunca habían tenido una Reina... ¡qué creación! Dios tomó las estrellas en sus manos y comenzó a hacer una corona con ellas. La corona fue moldeada y ajustada a la perfección. ¡Luego colocó la corona hecha de 12 estrellas sobre su cabeza! Ella llevaba tres partes de la gloria que se utilizan para hacer el universo.

La trinidad del universo estaba ahora en esta nueva creación... ¡ella las llevaba! "¿Quién es esta?" Luego de buscar la inspección final de su obra, Dios lanzó un suspiro de alivio y gratitud, además de un poco de satisfacción... "¡qué obra maestra!" ¡Dios estaba más que satisfecho con su obra! Era increíble que Dios hubiera creado tal obra maestra a partir de su dolor.

Creada a partir del dolor, esta misma criatura seguramente soportará el dolor. La Mujer ha heredado esta capacidad creativa y esta fuerza de su Hacedor, ¡qué es Dios! Ella es la personificación de la belleza, la majestad y la realeza. ¡Ella no se inclina ante nadie más que ante su Hacedor y Creador! Volviendo al tercer cielo, nadie está más alto que Lucifer sino Dios mismo. Espera un minuto... ¿Hay otro que los Cielos no conocen?

Ella estaba ahora lista para que los ángeles de los Cielos

la vieran, pero primero, Dios tenía que ir arriba y ocuparse de sus asuntos. Colocó a la Mujer en el abrazo del segundo universo del Cielo para su custodia. Entonces Dios convocó una reunión y presentó su hallazgo. Le hizo a Lucifer una serie de preguntas. Lucifer sospechó que uno de sus ángeles debía haberlo vendido y delatado (un soplón). Él había engañado a "uno de cada tres ángeles" con una mentira retorcida tomada de la verdad de Dios. El Señor le preguntó a Lucifer sobre la iniquidad que hay en su corazón. "¿Cómo sucedió esto? ¿Cuándo sucedió esto Lucifer?" Preguntó Dios. "He sido bueno contigo; ¿cómo has podido ser tan malvado?" El corazón es como un útero; es el lugar de nacimiento del bien o del mal. El problema es que la iniquidad no puede ser el bebé de Dios, porque no hay maldad en Dios ni puede haberla. Lucifer había sido infiel y estaba preñado de una cosa mala, concebida por la desobediencia. Su corazón no podía ocultarlo más. Comenzó a mostrarse. "¡Esto es traición y adulterio!" Los ángeles se escandalizaron por el descubrimiento, pero no por la traición. Después de todo, ¡Lucifer había tratado de convertir a muchos para que lo siguieran en este malvado complot para ser Dios! Dijo: "¡Pondré mi trono sobre el trono del Dios Altísimo!" Solo para ser derribado. Dios pudo haberlo destruido, pero lo derribó junto con los ángeles que lo obedecieron y siguieron. "¡Tengan cuidado de a quién siguen!"

El mundo no tiene idea de lo que está a punto de ocurrir. Lucifer y sus seguidores han fracasado en su intento de tomar el reino. Aunque Dios lo sabe solo tiene que establecer la evidencia de esta traición. Estos perdedores serán enviados a un lugar de detención hasta el día en que estas acusaciones sean juzgadas. En su camino hacia abajo como ángeles caídos ellos ven algo absolutamente alucinante. Es extremadamente difícil para Lucifer ser testigo de este sitio. Al caer y perder su conocida belleza y majestuosidad.

Y apareció una gran maravilla en el Cielo: una mujer vestida del sol, con la luna debajo de sus pies, y sobre su cabeza una corona de doce estrellas; y estando encinta, lloraba, con dolores de parto, y se afanaba por dar a luz. Y apareció otra maravilla en el cielo: un gran dragón rojo, que tenía siete cabezas y diez cuernos, y siete coronas sobre sus cabezas. Y su cola arrastraba la tercera parte de las estrellas del cielo, y las arrojaba a la tierra; y el dragón se puso delante de la Mujer que estaba dispuesta a dar a luz, para devorar a su hijo tan pronto como naciera. Pronto dio a luz un hijo varón, que había de regir a todas las naciones con vara de hierro; y su hijo fue arrebatado hasta Dios y hasta su trono. Y la Mujer huyó al desierto, donde tiene un lugar preparado por Dios para que la alimenten allí durante mil doscientos tres días (3 años y medio).

Después hubo una guerra en el cielo: Miguel y sus ángeles lucharon contra el dragón; y lucharon el dragón y sus ángeles, pero no prevalecieron, ni se halló ya su lugar en el cielo. Y fue arrojado el gran dragón, la vieja serpiente que se llama Diablo y Satanás, el cual engaña al mundo entero; fue arrojado a la tierra, y sus ángeles fueron arrojados con él. Y se oyó una gran voz que decía en el cielo: "Ahora ha llegado la salvación, la fuerza y el reino de nuestro Dios, y el poder de su Cristo; porque ha sido arrojado el acusador de nuestros hermanos, que los acusaba ante nuestro Dios día y noche. Y ellos lo vencieron por la sangre del Cordero y la palabra de su testimonio, y no amaron sus vidas hasta la muerte. Por tanto, alégrense, cielos, y ustedes que habitan en ellos. ¡Ay de los habitantes de la tierra y del mar! Porque el Diablo ha descendido a vosotros, con gran ira, porque sabe que tiene poco tiempo".

Al ver que el dragón era arrojado a la tierra, persiguió a la Mujer, que dio a luz al hijo varón. Y a la Mujer le fueron dadas dos alas de gran águila, para que volara al desierto, a su lugar, donde es alimentada por un tiempo, y tiempos, y medio tiempo, (3 años y medio) de la cara de la Serpiente. Y la Serpiente echó de su boca agua como un diluvio tras la Mujer, para hacerla arrastrar por el diluvio. Y la tierra ayudó a la mujer, y la tierra abrió su boca y se tragó el diluvio que el dragón había arrojado de su boca. Y el dragón se enfureció contra la Mujer, por lo que fue a hacer la guerra contra el resto de su descendencia, que guarda los mandamientos de Dios y tiene el testimonio de Jesucristo.

Sin duda, la mujer es la obra maestra de Dios. Ahora Lucifer la Serpiente viene a la tierra con mucho odio y venganza... ¡cuidado!

Capítulo 3: La Serpiente

La Serpiente engaña a la Mujer engatusándola para que coma el fruto prohibido... no tanto una "Manzana" (que es simbólica), sino a través de lo que la aleja de cumplir su verdadero propósito en la vida, que es hacer de este mundo un lugar mejor para toda la humanidad.

¡En la actualidad, su mayor fruto se ha convertido en "DINERO"! Ahora el dinero es la voz y la forma en que la Serpiente nos habla... ¡así que escucha!

"Ahora, la Serpiente era más astuta que cualquier bestia del campo que el Señor Dios había hecho. Y dijo a la Mujer: "Sí, ¿ha dicho Dios: 'No comeréis de todo árbol del jardín'?" Y la Mujer dijo a la Serpiente: "Podemos comer del fruto de los árboles del Jardín; pero del fruto del árbol que está en medio del Jardín, Dios ha dicho: 'No comeréis de él, ni lo tocaréis, para que no muráis'."

Y así la Serpiente dijo a la Mujer: "No moriréis: Porque Dios sabe que el día que comáis de él, se os abrirán los ojos y seréis como dioses, conociendo el bien y el mal."

Y al ver la Mujer que el árbol era bueno para comer y que

era agradable a los ojos, y que era un árbol apetecible para hacerse sabio para comer de él, tomó su fruto y lo comió, y dio también a su marido con ella; y él también lo comió. A ambos se les abrieron los ojos y se dieron cuenta de que estaban desnudos. Tras esto, cosieron hojas de higuera y se hicieron delantales. Fue entonces cuando oyeron la voz de Dios que se paseaba por el Jardín en el fresco del día, y Adán y su mujer se escondieron de la presencia de Dios entre los árboles del Jardín.

El Señor Dios llamó a Adán y le dijo: "¿Dónde estás?". Y Adán respondió: "Oí tu voz en el Jardín, y tuve miedo porque estaba desnudo; así que me escondí". Y le dijo: "¿Quién te ha dicho que estabas desnudo? ¿Has comido del árbol del que te ordené que no comieras?" Y el hombre dijo: "La Mujer que me disté para estar conmigo, me dio del árbol, y comí".

Entonces el Señor dijo a la Mujer: "¿Qué es lo que has hecho?" Y la Mujer dijo: "La Serpiente me engañó, y comí". Entonces Dios se dirigió a la Serpiente y le dijo: "Por haber hecho esto, maldita serás mas que todos los animales, y mas que todas las bestias del campo; sobre tu vientre andarás y polvo comerás todos los días de tu vida. Y pondré enemistad entre tú y la Mujer, y entre tu simiente y la simiente de ella; ésta te herirá en la cabeza, y tú le herirás en el talón."

A la Mujer le dijo: "Multiplicaré en gran manera tu dolor y tu concepción; con dolor darás a luz hijos; y tu deseo será para tu marido, y él se enseñoreará de ti."

Y a Adán le dijo: "Por haber escuchado la voz de tu mujer y haber comido del árbol del que te mandé decir que no comieras de él maldita es la tierra por tu causa; con dolor comerás de ella todos los días de tu vida; también te producirá espinas y cardos, y comerás la hierba del campo; con el sudor de tu frente comerás el pan, hasta que vuelvas a la tierra, porque de ella fuiste tomado; porque polvo eres, y al polvo volverás. "

Adán se dirigió a su mujer y la llamó Eva porque era la madre de todos los seres vivos. Entonces Dios hizo capas de pieles y vistió a Adán y a Eva.

Y dijo Dios: "He aquí que el hombre se ha hecho como uno de nosotros, para conocer el bien y el mal; y ahora, para que no extienda su mano y tome también del árbol de la vida, y coma, y viva para siempre. Por lo tanto, el Señor Dios lo envió fuera del Jardín del Edén, para qué labrara la tierra de la que había sido tomado. Y expulsó al hombre; y puso al oriente del Jardín del Edén Querubines, y una espada flamígera que se volvía hacia todos lados, para guardar el camino del árbol de la vida".

Al principio, cuando Eva estaba en el Jardín, él era la serpiente astuta y sabia. Era el que hablaba con suavidad, y la convenció de que dejara su casa, su marido, sus hijos y la vida buena y segura que había conocido. Ella lo tenía todo, y de alguna manera él le hizo sentir que le faltaba algo. La verdad es que la robó. Se hizo amigo de ella, se ganó su confianza, y luego le quitó su confianza con Dios y con su marido.

Él le ofreció poder y autoridad iguales a los de Dios. Pero no existe tal cosa... así que, por supuesto, mintió.

Todos necesitamos encontrar nuestro carril, nuestro propósito de vida, y permanecer en él. Aquí encontrarán a la serpiente de nuevo, pero con el tiempo, verán que se mantuvo al margen hasta que Dios hizo a la mujer. No tenía interés en el hombre; era la mujer lo que quería. Sabe que si tiene a la mujer, lo tiene todo. La mujer es la fuente de la vida, y ella es la vida. Ella establece el tono del hogar. Ella es la base sobre la que se construyen todas las cosas. Parece tan sencillo y a la vez complicado porque ella no sabe quién es. Si permite que un hombre la chulee, ¿por qué no vender su propio cuerpo? El trabajo de su enemigo es robarle su identidad, luego se adueña de ella y entonces tendrá su confianza.

La Serpiente había engañado a la Mujer, pero cuando fue abordada por Dios, no mintió. ¿Sabes por qué? Porque ella es la verdad. No es una mentirosa, pero el Diablo sí lo es. Cuando ella miente o vive una mentira, no es su naturaleza sino su enemigo que se ha apoderado de su mente y de su cuerpo. Ninguna mujer nació mujerzuela, sino que fue convertida en una. Ninguna mujer nació siendo mentirosa, sino que fue convertida en una. Ninguna mujer nació siendo una buscadora de oro, sino que fue convertida en una. Ninguna mujer nació malvada, sino que fue hecha malvada. Toda Mujer nació buena y pura, pero la naturaleza pecaminosa de la Serpiente está siempre tras ella. La Mujer necesita ayuda, confianza y creer que la obtendrá. Durante los últimos días de la cuenta atrás del mal y la revelación del Anticristo, la Mujer será muy estratégica en el desarrollo de las profecías. No puede ocurrir nada sin ella. Satanás necesita su permiso, y cuando no se le concede, la manipula y le roba su gloria. Lucifer echa de menos sus días de gloria, así que intenta revivirlos uniéndose a la Mujer.

¿Por qué ella sigue dándole poder? Ella no necesita su ayuda, pero él necesita la suya, y su ayuda es Dios y la tierra. Así lo heredó de su Padre Celestial. La Serpiente sigue encajando mentiras con cosas que brillan. La Mujer está intrigada con cosas que no duran cuando en realidad, ella es la Reina eterna proclamada en los Cielos antes del tiempo. Ella es la dueña de la gloria, no una copia falsa. El Diablo es engañoso porque ella ya es dueña de todo lo que él utiliza para atraerla. ¿Por qué la tierra es llamada "ella" en la Biblia? ¿Por qué se llama a América "la bella"? ¿Por qué decimos "Madre Tierra"? Porque Dios ya conocía el final desde el principio, y nunca se ha tratado de que la Mujer se equivocara, sino de tender una trampa al mayor adversario de todos los tiempos... ¡ "Lucifer" alias "Satanás" alias el "Diablo"! Toda la fealdad oculta en el corazón de este hermoso ángel no se mostraría hasta la creación de la Mujer.

¡Fue su gloria la que lo expuso porque ella era hermosa, por dentro y por fuera! Por eso el Diablo intenta hacer vana a la Mujer; porque sabe por experiencia que la belleza exterior tiene un poder limitado y se desvanecerá, ¡pero la belleza interior es eterna y nunca se desvanecerá ni se encontrará en "sombra"!

Él sabe que en el Cielo -si la Mujer lo logra- se le dará una gloria sin precedentes, revestida de una belleza eterna, igual a la de su corazón. ¡Dios ama un corazón hermoso! A Lucifer se le ocultaron sus verdaderos sentimientos hasta que la presencia de la Mujer lo puso al descubierto. Su presencia glorificada por

Dios sacó a la luz cosas en él que ni siquiera conocía. Él no sabía lo odioso y prejuicioso que era hasta que la vio.

Reflexiona sobre esto; ¿cuántos actos de odio hemos experimentado por parte de un individuo o grupo que no conocíamos personalmente? Pero aun así abusaron de ti, todo porque había algo de ti que no les gustaba o con lo que no estaban de acuerdo. Así es como Dios expone la maldad en el corazón de uno. Por favor, comprenda; no somos lo suficientemente sabios como para burlar a un ser tan supremo como Dios, que posee una inteligencia y una sabiduría sin parangón. También debes saber esto, Satanás es un "fanático del control", y todo lo que no pueda controlar, buscará destruirlo. Hasta que la Mujer fue creada, Lucifer pensó que era santo y justo porque hacía cosas supuestamente para Dios y en el nombre de Dios. Pero esto no lo hizo justo. Esto se llama una forma de piedad. Sin amor o sin haber experimentado el verdadero amor de Dios, el ritual te engañará. Sin amor, todo es para nada, ¡y Dios no está en ello! Ir a un servicio de adoración no nos hace justos; no nos hace piadosos o dignos del amor de Dios. Ella recibió tanta gloria hasta que su sola presencia lo despojó de toda su gloria. Ella lo despojó de toda su gloria. No entiendes ahora cuando el Diablo dice que esto es "¡por qué odio a la mujer!" es evidente que Dios la ama.

"El corazón es engañoso sobre todas las cosas, y es desesperadamente perverso: ¿quién puede conocerlo sino Dios?" Lucifer estaba en el Cielo actuando como si amara a Dios mientras escondía en su corazón la traición y la maldad traicionera que solo podía ser mostrada a través de innumerables generaciones en el tiempo. Todas las generaciones que hemos tenido y que veremos expondrán un poco más del mal, que estuvo oculto durante tanto tiempo. Cada secreto oculto se revela gracias a la Mujer. Dios la utiliza, como un bello instrumento, desgastando a su enemigo en la pista de baile mientras construye un caso ajustado contra él para el día del ajuste de cuentas o el Día del Juicio. Porque cuando la Mujer está cerca, el mal no puede evitar aparecer.

Satanás es débil para la Mujer, y él lo sabe. Satanás está por debajo de la Mujer y también lo sabe. Es la mayor amenaza para él y siempre lo será. No importa cuánto lo intente el Diablo, ¡la Mujer siempre será su jefa! Ella solo necesita estar segura de que está en el lado correcto de Dios; porque si no lo está, ¡será abandonada! ¡Dios no creó a la Mujer para que fuera la asistente de Satanás, sino para que fuera su jefa! ¡Cuando Lucifer vio a la Mujer por primera vez en el Cielo, no pudo conservar su gloria porque la gloria de la Mujer era demasiado gloriosa! Su don era personal, el don de la gloria de Dios. ¡Ella tenía tanta gloria hasta que Lucifer comenzó a transformarse en la Serpiente, un dragón! Por eso estaba tan enojado, tan furioso con ella.

Lo que es curioso es que ella ni siquiera lo conocía y sigue sin conocerlo, mientras que su sola existencia le hizo cambiar. No pudo conservar su gloria porque ella se la quitó. Ella estaba vestida de gloria, y ahora él intenta vestirla de vergüenza. Quiere vestirla de oscuridad cuando Dios la vistió con el sol, la luna y las estrellas. Hombre, ¿quién puede enfrentarse a la Mujer? ¡Más vale que reconozcamos a la Mujer! Mujeres, sean muy cuidadosas de no ser engañadas para hacer su trabajo sucio y descalificarse de ir al Cielo donde realmente pertenecen.

Si usas tu poder para darle poder, entonces estarás con él para siempre, al igual que los ángeles que él engañó, quienes también fueron arrojados con él. Seguramente creyeron que podían jugar a dos bandas también, solo para descubrir que hay un día en el que todos debemos dar cuenta de las obras que hacemos y hemos hecho.

Si tenemos en cuenta lo que sucedió en el cielo antes de que la mujer y la serpiente vinieran a la tierra, la serpiente tenía la ventaja. Eva estaba hecha y no tenía ni idea de quién era. No sabía que la guerra entre la Mujer y la Serpiente había comenzado en la eternidad, no en el tiempo. Aquí se encuentra en el tiempo y luchando en una batalla que está más allá de ella. Tiene que crecer y madurar, aprendiendo ahora lo que es la vida.

La serpiente habló con Eva, pero no la tocó. Esto demuestra lo poderosas que son las palabras. Esto demuestra el impacto que tienen nuestras palabras en cualquier situación. Por eso debemos tener cuidado con lo que decimos y a quién se lo decimos. No es casualidad que en estos tiempos los MCs y los raperos ocupen los primeros puestos de las listas de éxitos. Las palabras son nuestra mayor influencia. Todo lo que conocemos fue creado por las palabras. Los oradores, los maestros y los predicadores utilizan palabras, incluso Dios. Cuando Él caminó en el Jardín, usó su voz y sus palabras. La serpiente engañó a la mujer con su voz y sus palabras. Y Dios le dijo a Adán que estaba castigado porque escuchó la voz y las palabras de su esposa. Entonces, si todo este problema comenzó con palabras, ¿cómo no podemos creer que las palabras están vivas?

Las palabras mueven cosas. Es por el poder de nuestras palabras que afectan a la gente todos los días. Las palabras de todos los idiomas están moviendo el mundo ahora mismo. ¡Este es el poder de la voz! La Mujer estaba conectada con la Serpiente por las palabras que él le había dicho. Ella escuchó la palabra hablada, y luego obedeció y escuchó. Luego usó sus palabras y su voz para influenciar a su esposo a comer la fruta prohibida y desobedecer a su Dios.

Él estimó a su esposa por encima de Dios Todopoderoso. Dios creó todo con su voz y sus palabras, por lo que conoce el poder de la palabra hablada. Ahora, ¿puedes ver cómo la Mujer no era lo suficientemente madura y experimentada como para participar en un engaño deliberado? Adán no fue engañado; ¡estaba enamorado! Sabía lo que le iba a pasar, pero tomó la decisión de estar con su mujer.

Tal vez comió el fruto prohibido porque su marido no estaba allí. Tal vez él podría haberla salvado si hubiera estado con ella para protegerla. Esto sucedió mientras Adán estaba fuera en el trabajo. En ocasiones, nuestras mujeres no están cubiertas ni protegidas porque estamos demasiado ocupados ganando dinero. Necesitamos equilibrio. Adán sabía cómo sería la vida sin Eva y no quería volver a vivir de esa manera. Ahora que había experimentado a su mujer, no quería vivir sin ella. También comprendió que no la protegió porque estaba demasiado ocupado cuidando y vistiendo el Jardín, pero no tener un equilibrio con el trabajo y pasar tiempo con Eva lo llevó a su caída.

Satanás vio su oportunidad de interponerse entre ellos. Si lees el texto sagrado, Dios le dio a la mujer una promesa de que sería reivindicada. Dios le dijo a Eva: "Tu semilla herirá la cabeza de la serpiente". ¡La semilla de la Mujer sería su guerrera y libertadora! Sorprendentemente, Dios no dijo: "¡La semilla de Adán!". Esto es digno de ser investigado. Entonces, ¿por qué hay una interpretación tan errónea por parte de los hombres de este planeta con respecto a la Mujer? Esta guerra comenzó contra la Mujer, y ¿qué clase de Dios o Padre la haría callar o cerrar la boca cuando sus enemigos están buscando destruirla y calumniarla todos los días? ¿Qué es esta conspiración? El silencio de la mujer no es la respuesta, ¡porque ella no va a cerrar su boca de todos modos! Ella habla cada vez que puede, aunque sea a puerta cerrada. Tiene la necesidad de expresarse y de ser escuchada por alguien. Tras el relato en el Jardín, debemos reconocer lo poderosa que es y ayudar a cultivarla para un mayor uso. Su voz dañó el lugar de su familia ante Dios. Hizo que perdieran su casa, que fueran expulsados del paraíso y dio lugar a los celos y a la muerte. Su decisión incluso afectó a sus hijos no nacidos, haciendo que su primogénito matara a su hermano menor. Su marido ahora se esforzaba por cuidar de ellos, sin poder ponerse al día con las facturas. Sin embargo, hasta que esto ocurrió, no tenían facturas ni deudas. Estaban libres de deudas.

Esta es la voluntad de Dios para sus hijos.

Ahora, después de toda esta historia, ¡se ha demostrado que la mujer es el arma más letal de este planeta! Su voz es la que se escucha en cada idioma, cada raza, cada credo, cada nación y en cada organización; sí, es la voz de la Mujer la que se escucha en privado. Ella ha sido la fuerza motriz de todas las generaciones, pero ha permanecido "en el armario", y ahora es el momento de que salga a la luz. Nosotros somos culpables de escucharla y mantenerla en secreto. Cuando no habla con su boca, habla con su cuerpo. Es la voz que respetamos en privado y el cuerpo que mostramos en público. Esto la presiona mucho para que se vea bien porque sabe que la mayoría de las veces se la juzga por su aspecto (apariencia externa) y no por su cerebro. Es la consejera, la voz que escuchamos de todos modos, pero de nuevo, en privado. Sí, la escuchamos a través de los medios de comunicación, aunque no esté hablando. La tenemos en cuenta en cada movimiento que hacemos porque ella es la voz.

Sus hijos, sí, la oímos, a través de sus maridos, sí, la oímos, a través de sus hermanos, ¡oh sí, la oímos! Los líderes del gobierno y las casas de producción de todo el mundo la escuchan antes de lanzar sus productos; incluso nuestra música y las artes se construyen con su voz porque su voz importa; sí, *te oímos*. Tanto si la elevan como si la derriban, la oímos. ¡Y esta hipocresía tiene que acabar!

¡Oh, Mujer! Él necesita tu poder, y a cambio, te dará poder; ¡oh, pero la Mujer ya es poderosa! De nuevo, solo que ella no lo sabe. Cuando no entiendes esto, escuchas a tu enemigo, la Serpiente, y usas los talentos y el poder que Dios te ha dado para darle poder a tu enemigo, él Satán.

Luego él lo usa contra ti para romper el hogar o tu matrimonio, o para empezar una guerra, o para que te vendas por cosas en lugar de salvar una vida. ¡Satanás te necesita! No es nada sin ti. Escucha la voz dentro de ti; ¿es la voz del bien o del mal? ¿Estás construyendo una vida o destruyéndola?

Mira lo que sucede en el libro del Génesis...

La Serpiente engaña a la Mujer, pero cuando se acerca a Dios, ella no miente. ¿Sabes por qué? Porque ella es la verdad. Toda Mujer nació buena y pura, pero la naturaleza pecaminosa de esa Serpiente está siempre tras ella.

El ritual te engaña si no tienes amor o no has experimentado el verdadero amor de Dios. Sin amor, todo es para nada, ¡y Dios no está en ello! Ir a un servicio de adoración no nos hace justos, piadosos o dignos del amor de Dios.

Capítulo 4: La Serpiente, La Mujer, El Hijo

Es un mentiroso y la verdad no está en él. Él se meterá en la mente de la mujer si ella no se resiste y le hará creer que sus pensamientos son sus pensamientos. Primero la destruye plantando semillas de falsedad en su mente. Es un maestro en pintar cuadros de la imaginación sacados de su vida anterior. Le impone sus penas pasadas sin que ella lo sepa. Ella debe confiar en la voz de Dios en su interior, que la aleja de este malhechor. Es un hombre astuto y taimado. Es veneno; es vicioso y mortal.

"Esa chica es veneno" cuando permite que la serpiente la utilice. Él se mueve sutilmente y puede ser tranquilo e incluso reconfortante a veces. Es paciente a veces, sabiendo justo cuándo atacar. Te acaricia cuando necesitas que te consuelen, pero atacará si no le agradas. Sabe reconocer las estaciones. Sabe cómo pasar desapercibido cuando hace frío y avanzar cuando hace calor. Selecciona sus presas en función del miedo, la debilidad y la inexperiencia. Conoce tu potencial. Te exprimirá la vida si tiene la oportunidad. Te sacrificará por una comida y la satisfacción que sigue.

Te clavará sus colmillos y te abandonará, sin quedarse a ver cómo mueres. Cuando ataca, es tan rápido que no lo ves venir. Solo sientes el efecto de su veneno. Sabe cuándo estás necesitado y cómo satisfacer esa necesidad. Él sabe lo que hay que decir en las peores situaciones. Es amable y comprensivo, es seductor.

Te dará bebés propios y algunos otros bebés también, ¡de sus asuntos! No es fiel a ti, sino a sí mismo y a sus necesidades. Siempre se enrollará con los suyos y te tendrá como uno de sus trofeos. Es experto en hacerte sentir en la cima del mundo, especialmente cuando estás en lo más bajo. Dispone de una variedad de enfoques para asegurarse de que no le descubras, y si lo haces, habrá terminado contigo, al menos por el momento. Él es la Serpiente.

Es el chico malo con encanto, y de alguna manera te engaña para que pienses que puedes contenerlo... es una fantasía. Él obtiene tanto juego por su experiencia que nunca estará satisfecho solo contigo. Él te odia y mantiene esto encubierto mientras tú estés en la oscuridad. Él les cuenta a sus amigos lo raro que eres. Se desvive por contar detalles muy privados sobre cómo eres en el dormitorio. Para ti es algo íntimo y personal, pero para él es una presa más, un pedazode cola. Mientras tú estás en él con tus sentimientos yemociones, él está ahí por los placeres físicos. Él no tiene emociones, pero ¿cómo podrías saber esto siendo una mujer joven e inexperta? Tú buscas la felicidad, y él también. Lo que pasa es que hay dos interpretaciones y perspectivas de la felicidad totalmente diferentes. Tú le das leche y asumes que él sabe que debe comprar la vaca, pero mientras él reciba la leche y no tenga que comprar la vaca, está bien. Antes se decía: "¿para qué comprar la vaca si puedes conseguir la leche gratis?". La verdad es que hoy estamos dispuestos a comprar la leche, pero no la vaca.

Así que los hombres siempre dicen: "¿Cuál es el problema? Cuando te saqué, te llevé de compras o les llevé algo a tus hijos... ¡Pagué esa leche! Cuando te hice llegar a un orgasmo... ¡Pagué por esa leche! Cuando esté listo para más leche, te veré de nuevo. Cuando seas tacaño con la leche, empezaré a buscar otra vaca".

Mujeres, no pueden ganarle en este juego siendo jugadas de esta manera. No fuisteis diseñadas para este tipo de trato.

No te estoy entrenando para que seas vengativa y rebelde, sino todo lo contrario. Sé real y lo que Dios te creó para ser: una reina. Usa tu poder para ser poderosa, no destructiva, sé armoniosa. Esto es lo que el mundo necesita:

¡unidad y armonía, envueltas en amor! ¡Debes usar tu intelecto y tu mente, no tu cuerpo y tú retaguardia (trasero)!
¡Sé una *cabeza*, no la *cola* de alguien! Este es un círculo vicioso en nuestro mundo actual. ¡La mujer debe educarse, intelectual y espiritualmente!

Respétate a ti misma y no permitas que los hombres o cualquier otra criatura te falten el respeto y descuenten tu valor, o tu grandeza, dada por Dios.

El cuerpo de la mujer está unido a un gran corazón hasta que se ha roto. Un corazón roto tendrá ecos de relaciones rotas si no se toma tiempo para sanar. Pero aquí viene la serpiente de nuevo. Él puede sentir cuando estás solo y no has tenido ninguna en mucho tiempo. En lugar de conocer tu corazón, conoces tu cabeza... ¡la pequeña!

¿Cuánto tiempo crees que su pequeño cerebro será capaz de aguantar contigo? Mientras tú interpretas y equiparas el buen sexo con una buena relación, él ya se aburre de ti y mira a tu novia. Una buena relación debe tener equilibrio, y ambas partes deben estar en la misma página.

La mujer puede tener una aventura emocional y estar muy conectada, mientras que un hombre no lo cuenta como tal hasta

que realmente tiene sexo contigo. Que un hombre tenga sexo contigo no significa que tenga una relación contigo. Nota: sexualmente, siempre habrá otra mujer dispuesta a hacer mucho más de lo que tú acabas de hacer...
¡la mujer por naturaleza es tan creativa y competitiva que puede ser su propio enemigo!

Es un maestro en este juego, pero para ti es la vida real. Después del sexo, te vas con todas las expectativas y más de lo que dijo que iba a ser para ti (charla de almohada).

¿Crees que estás construyendo una relación y que él te está utilizando hasta que encuentre a la Elegida? Ya sabes, ¡*la que vale* la pena esperar! A veces, mientras está contigo, puedes ganarlo por un tecnicismo porque encontrar a la Elegida le está llevando más tiempo del que había previsto.

Así que algunas mujeres consiguen este tipo de hombre por las razones equivocadas, y cuando él encuentra a esa chica, la Única, te odiará y te maltratará. Se volverá contra ti y te hará sentir como nada y le echará la culpa a tu locura. Después de que este bromista te utilice, serás una candidata principal para el abuso, un objetivo para el fracaso y la infelicidad repetidos. No confiarás en ningún hombre ni en nadie y entonces expulsarás de tu vida al verdadero amor. Le harás pagar el precio de la mierda que has pasado con el dragón.

La intención de Dios es que estemos en una relación comprometida, pero hay tanto juego aquí, entonces te sugiero que salgas con un hombre durante 120 días sin sexo,

¡*así mismo*! Durante este periodo de tiempo, esto es lo que va a pasar; llegarás a conocer sus hábitos, su ética de trabajo, sus maneras, algunos secretos (seguro que pasa), sus amigos, sus verdaderos sentimientos hacia ti, si está disponible para ti durante las vacaciones (esto es muy importante), cómo maneja la presión, ya sea la suya o la tuya o ambas. Y así sucesivamente, pero espero que entiendas lo que quiero decir.

Los dos necesitan saber cómo se desarrollará esto, o dentro, para el caso... Durante los primeros 40 días, la relación está estableciendo la ley, los siguientes 40 días son los proféticos o la proclamación para un futuro juntos, y los últimos 40 días son para lo que yo llamo "el cumplimiento de los dos". Si logran pasar los 120 días, estarán tan unidos que será imposible separarse; pero él debe ser tan transparente como ustedes.

Deben convertirse en uno; emocional, espiritual y físicamente... ¡Estos 120 días son suyos! Para la compatibilidad y el largo plazo, esta es la prueba; o apruebas o fallas, pero no hagas trampa en la calificación, ¡porque solo te estarás engañando a ti misma! ¡Si está jugando, este período de 120 días lo expondrá como una "radiografía"! Lo verás todo... ¡te sentirás como una Súper Mujer!

Ahora, cuando está dispuesto a esperarte, no puedes reconocer el amor porque eres el producto de la lujuria. Has sido objeto de lujuria toda tu vida, y el amor no tiene ninguna posibilidad porque el amor nunca vivió contigo. La mayoría de las mujeres hablan con otras mujeres heridas, y esto no es bueno porque se darán consejos letales unas a otras. No es intencional, por supuesto, pero sin embargo, ¡los resultados son mortales!

Los "asesinos" del verdadero amor y la felicidad son las heridas y el dolor no resueltos de experiencias pasadas.
¿Cuántas veces le has dicho a tu chica o a tu amigo: "chica, es un perro"? Cuando te ha mentido o te ha utilizado para tener sexo, piensas: "¡qué perro!".

Lo cierto es que la naturaleza de lo que te ha hecho no es la de un perro. Pensar que es "el perro que hay en él" es solo una ilusión y una desviación de la verdad. No es un diagnóstico verdadero. Estás tratando la cosa equivocada. Primero debes averiguar cuál es la enfermedad para poder dar un tratamiento adecuado. Mientras creas que es un perro, lo tratarás como tal.

Piénsalo por un momento. Puedes entrenar a un perro. Cuando crees que has entrenado a un hombre, te decepciona descubrir que él te estaba entrenando a ti. Si ese hombre está operando sin una "conciencia justa y moral", no es el perro en él sino la serpiente. La serpiente es tu enemigo, no el perro.

Esa serpiente está decidida a destruirte. Tú eres lo peor que le ha pasado. ¿Cuántas veces has llorado por un hombre y te has dirigido a tu perro y has empezado a hablar de él, "siendo un perro para ti"?

Si tu perro pudiera hablar, te diría: "¿por qué hablas de que es como un perro, pero abrazándome y queriéndome? Soy un perro, ¡y no nos parecemos!". Si amas a un perro, alimentas a un perro, cuidas a un perro, ese perro te devolverá el amor. Te obedecerá, estará a tu lado, irá a donde tú vayas y, en su mayoría, estará ahí cuando te vayas y vuelvas. Así que la mayoría de los hombres infieles no son perros sino serpientes.

¿Cuántas mujeres han manejado o criado serpientes venenosas? No muchas, ¿verdad? Por lo tanto, ¿cómo podrías conocer su naturaleza? Estudia o ve un documental de la Naturaleza, y lo verás. ¡Has tratado con una serpiente!

La serpiente es el padre del dragón y de la serpiente. Si

estudias la serpiente, es la más sabia de todas. Se le llama "esa vieja serpiente, Satanás y el Diablo, el Engañador".
¡Tiene tanta experiencia!

Así que escuchen, mujeres, su defensa es, "¡ser sabias como serpientes, pero inofensivas como palomas!" No se vuelvan duras e insensibles, sino manténganse suaves y dulces, por su verdadero amor, porque él viene, y ustedes tienen que estar listas, ¡no amargadas!

Solo sé esto, la serpiente siempre está tratando de encontrar su camino para destruir la vida, todo lo que no es como él. De todos modos, ¡tú no lo quieres! Él no viene a matar de inmediato, sino después de haberte utilizado para su propósito. Necesita a la mujer para su plan maestro. Su deseo es herirla porque desearía ser ella y *haber* sido creado como ella. Él está celoso de ti y siempre está compitiendo contigo.

Recuerda las colas de hadas cuando la damisela estaba en apuros. El dragón se la llevaba y la encerraba en una torre, que representa un lugar alejado de la familia, los amigos, la vida, la felicidad y el amor, lejos de sus sueños...¡este lugar también puede ser "psicológico"!

El enemigo planea estratégicamente llevarte hacia él y, si es posible, destruirá a cualquiera que intente liberarte. Por eso necesitas personas fuertes, valientes y veraces, pero no controladoras, en tu vida. La serpiente no te hizo, y ciertamente no te ama; ni siquiera es tu tipo. Fue enviada para confundirte, para intimidarte y para convertirte en una presa fácil.

El dragón es lo suficientemente sabio como para separar y aislar a la damisela. Poniéndola en un lugar seguro para él y su propósito. El dragón está obsesionado con ella y no puede explicar por qué. La odia, así que ¿por qué molestarse? ¿Por qué tenerla? ¿Cuál es el objetivo? ¿Tenemos que saber que es más grande que lo que vemos, incluso para una cola de hada? ¿Te has dado cuenta de que ella está encerrada, pero el dragón va y viene a su antojo? ¿Te resulta familiar?

El objetivo de la serpiente es poseer y poseer a la mujer. Quiere poseer su mente, su corazón, su alma, sus esperanzas y sueños, sus dones, sus talentos, sus hijos, su adoración, su propósito y su destino. Ella es todo lo que él nunca será; por lo tanto, la quiere como su propiedad. De este modo, consigue vivir su fantasía a través de ella. Por eso siempre intenta controlar las finanzas de ella para su gloria, ¡no la de ella! ¡Ella es su sustituta!

Piénsalo, la serpiente no ama, y él tampoco puede hacerlo. No es su carácter ni su naturaleza hacerlo. Al principio, la serpiente no tocó a la mujer; nunca la ha tocado. Su poder sobre ella es simplemente por y a través de las palabras. Él es bueno con las palabras, no importa la forma en que las pronuncie. Tiene el don y lo utiliza para manipularla. Necesita que la mujer le crea a él antes que a Dios. Busca desesperadamente a la mujer. Él es un mentiroso y hace que una mentira parezca la verdad.

No te creas la mentira. Si la serpiente tuviera el poder y la autoridad para destruirte, se habría deshecho de ti hace mucho tiempo. Esto sugiere que la mujer tiene algo de gran valor para la serpiente. Ella tiene algo invaluable e irremplazable. Su valor es el reino para él. Por eso la necesita. Ella posee algo que él necesita y que no puede encontrar en ningún otro lugar. La mujer debe conocer su valor. Él se divierte hiriéndola, haciéndola temer, y hiriendo a los que aman a la mujer. Piensa por un minuto, ¿quién ama al dragón? Nadie. Se ha hecho a sí mismo no querible.

Damisela, sigue mirando por esa ventana porque la ayuda está en camino. Será alguien que no le tenga miedo al dragón. Hay dos cosas que el dragón teme, y son: "¡El agua y el fuego!" Aunque es un "Dragón que respira fuego", el fuego es su enemigo. Quien venga a rescatarla debe haber conquistado ambas cosas.

La lujuria la aprisiona, pero el amor la salvará y la liberará. Así que nunca renuncies al amor porque el amor nunca te abandonará.

No permitas que la serpiente sea la razón por la que no vuelvas a amar, porque después de que te hiere y te deja, se va a la siguiente víctima... ¡para él es un negocio! Tú estás deprimida, y él ha seguido adelante, ¡no le des este poder sobre ti! La serpiente tendrá su día en la corte. Ha engañado a muchos. Él es el espíritu detrás de tantas muertes y mucho dolor. Muchos, pequeños y grandes, han sido víctimas de esta serpiente.

Cuídate de los falsos profetas que vienen en nombre de Dios. Cuídate de los compañeros que no tienen respeto por tu Dios. Ciertamente no tendrán respeto por ti. ¿En qué se inspiró la historia del cuento en primer lugar? ¿De dónde viene? Todo lo que vemos proviene de algo que no podemos ver. Todo lo que se manifiesta tiene un origen. Lo que vemos es el fruto de algún árbol. Entonces, ¿por qué este dragón vigila la torre donde ha colocado a la mujer? ¿Por qué está ella allí? ¿Por qué una torre? ¿Por qué está colocada donde solo el dragón puede llegar a ella? ¿Quién luchará por ella?

Él no estaría en guardia si no hubiera esperanza de que fuera liberada o rescatada. Así que no importa lo que pases o hayas pasado y quizás todavía estés pasando, tu enemigo sabe que hay una salida para ti. Necesitas saber esto y nunca pierdas la esperanza de ser rescatada. Desde el principio, ha sido una guerra entre la mujer y la serpiente, en la eternidad y en el tiempo. Desde el universo hasta la tierra, desde los Cielos hasta el Jardín, su existencia siempre es interrumpida por los celos, la furia y el odio de la serpiente.

Espero que a estas alturas entiendas que cuando digo "Serpiente" no estoy hablando de la manifestación física, sino de la espiritual a través de los vasos corporales. Cuando alguien ha mentido sobre ti, te ha odiado, o ha tenido celos de ti, ha tenido intenciones perversas, ha sido abusivo contigo, o siempre ha tratado de derribar lo que haces, te ha dicho que nada es lo suficientemente bueno, ha encontrado defectos en ti, y ha criticado tus obras y esfuerzos, aunque sean buenos, es la obra de tu enemigo, "la Serpiente".

Deja de mirar la raza, el género, el título y la posición, etc. Si alguien es malo y tiene malas intenciones hacia ti, ¡es la serpiente! La serpiente también tiene una trinidad. Es "La serpiente, el dragón y la serpiente". Estudia estas características sin ser crítico y paranoico. Te sorprenderá lo que puedes ver. Mira a través de los ojos del "Uno" que te creó y no a través de los ojos cegadores de tus enemigos. "Si el ciego, guía al ciego, entonces ambos caerán en una zanja".

Deseo verte salir de esa zanja con la curación de tus ojos cegados para que puedas ver un mundo completamente nuevo con infinitas posibilidades...

No eres lo que dicen que eres, así que no los entretengas. Después de un tiempo, seguirán adelante, al menos durante un tiempo, hasta que el mal que llevan dentro revise un plan, entonces lo volverán a intentar. Tú eres el protagonista de la historia, ¡así que acostúmbrate! ¡La serpiente no puede hacerlo sin ti! Siempre está hablando de ti, tratando de encontrar fallos en ti. Es tu mayor crítico. Es tú odiador número uno, y está tan enfermo que también es tú fan número uno, ¡mientras estés en la cima de las listas!

Estas personas son recipientes para la serpiente; ¡acatan su voluntad! Tú debes acatar la voluntad de tu Padre, ¡más aún! Sigue haciendo el bien y deja que hablen. Eso es todo lo que son... recipientes que hablan. Ten en cuenta esto; la serpiente va detrás de ti, de tu semilla (hijos e incluso de tus hijos no nacidos). Él sabe que la mujer es la mayor expresión del amor creado por Dios y es un bien más valioso, así que por esa razón, odia a la mujer. Finge que le gusta, pero esto es una estratagema para mantenerse cerca de ella para conocer sus asuntos. Necesita algo con lo que trabajar; no le gusta adivinar. ¡Así que deja de contarle tus asuntos!

Haz que trabaje duro por todo lo que obtiene de ti, ¡incluso la información! Este relato de la serpiente y la mujer está en la eternidad. Este lugar es anterior al relato de su expulsión en el tiempo o en la tierra con Adán y Eva. La relación entre la mujer y la serpiente comenzó mucho antes que la serpiente y Eva en el Jardín del Edén. Su lucha comenzó en la eternidad, mucho antes del tiempo. El tiempo es un módulo, sacado de la eternidad, no al revés.

Cualquiera de las cosas que vemos en este mundo es el fruto de algo de la eternidad no revelado. El hecho de que Satanás haya sido arrojado del Cielo no es diferente al hecho de desarraigar un árbol que ya no quieres en tu jardín. Si está produciendo algo malo o poco provechoso, ¡deshazte de él!

Pues bien, Lucifer se convirtió en algo inútil y era una amenaza para el bien del Cielo, por lo que fue desarraigado y expuesto por lo que realmente era; ya sea un espíritu, un pensamiento, la intención de las cosas ocultas del corazón, o un complot. El tiempo es el lugar donde todo esto se manifiesta o cobra vida. Tal vez pensemos que somos inteligentes y astutos, pero la realidad es esta; todas las cosas ocultas en la eternidad son ahora todas las cosas expuestas a través del tiempo, a través de cada generación.

Así mismo, la serpiente de nuevo no apareció hasta que la mujer mostró su lugar cuando se trataba del Hijo de Dios. Esto fue cuando el enemigo trató de matar a su semilla. Cuando el niño creció, no representó ninguna amenaza para la realeza, la riqueza y la prosperidad, y los reyes de la tierra siguieron como si nada hubiera pasado; en otras palabras, no hubo informes de un nuevo rey o reino en la tierra. Mientras ellos buscaban un rey natural con cosas de rey, Dios se había disfrazado (Hijo) en la pobreza y la humildad.

Su Majestad creció como el hijo de un pobre carpintero... seguramente esto no es una amenaza. María y José deben estar pensando: "Tal vez hemos interpretado mal lo que Dios nos decía". Dios vino con humildad para atraer a los que verdaderamente le aman y le pertenecen, no a los religiosos buscadores de oro que están en esto por el dinero y no por el amor a Dios y a su pueblo.

Hay que tener cuidado con la forma en que la mujer

maneja la desilusión y el dolor, porque a veces la serpiente utilizará a la madre para luchar contra su hijo, porque el enemigo sabe que el hijo puede verlo por lo que es y lo que es, y finalmente lo destruirá.

Dios separó el bien del mal antes de que pudiera manifestarse. Si todo este mal que estamos experimentando en la tierra a través del tiempo hubiera sido liberado en el Cielo, habría sido un desastre. Estas cosas habrían tenido lugar en la casa de Dios, ¡y el Rey no lo permitiría! La infinita sabiduría de Dios lo sacó del Cielo, lo que hubiera sido una guerra eterna, enviándolo al tiempo. Se ha dividido en muchas batallas a través de muchas naciones, razas, generaciones y tiempos. En el tiempo, ¡todas las cosas se resolverán para siempre! Cada situación de la vida es un vínculo con alguna cuenta celestial propuesta por Dios o perpetrada por el Diablo. Lucifer fue un agente doble, traidor, traidor por la espalda, mentiroso, adúltero, asesino, ladrón y jugador que se la jugó. Pensó que era más astuto que Dios, pero esto es imposible, y sus hijos piensan que están haciendo lo mismo en la tierra. De alguna manera ven la paciencia y la misericordia como debilidades. Dios le dio espacio a Lucifer y a sus ángeles para que se sinceraran, para que se arreglara, y este tonto lo interpretó como que Dios era lento o que no tenía ni idea de lo que estaba haciendo.

Entraré en más detalles a lo largo del libro. Siempre que te sientas bien derribando a alguien para destruirlo, no estás trabajando para Dios y su reino... no importa la posición, el título o la religión. Solo derribas con el propósito de reconstruir de nuevo y no con sangre inocente en tus manos. La santidad no es ir a la iglesia o lo que dices o como te vistes, pero es un rasgo. La santidad es pureza, amor, alegría y bondad.

Es la esencia misma de la paz sin interrupción ni temor. Dios es amor, alegría, pureza y bondad por naturaleza, y no es un acto. No se puede *actuar* como santo.

Es ridículo siquiera pensar tal cosa. Cuando Jesús fue crucificado, fueron el sumo sacerdote, los sacerdotes y los líderes religiosos de Israel quienes mintieron y manipularon la Ley de Moisés para que Jesús fuera condenado a muerte. Los hombres eran sacerdotes ungidos y abusaron de su autoridad y poder. Los fariseos representaban a Lucifer mientras que los romanos representaban a Satanás... ¿ves la asociación y la unidad para hacer el trabajo? Lucifer, a través de los líderes religiosos, manipuló la ejecución mientras no se ensuciaba las manos y Satanás, a través de los romanos, llevó a cabo la orden, haciendo el trabajo sucio.

Esta es la historia de la Serpiente, la Mujer y el Hijo...

La serpiente la persigue tanto que envía un diluvio por su boca con la esperanza de llevársela. "Pero la tierra ayuda a la mujer y abre su boca para tragarse el diluvio". La serpiente va detrás de su mente; esto es lo que representa el diluvio, la mujer está hecha en estéreo, y la serpiente es mono. La odia más y siente la necesidad de deshacerse de ella. Durante 1260 días, esto tiene lugar, ¡y la serpiente no se rinde!

Yeshua representa a este hijo, y su madre es incapaz de apoyar su ministerio durante este período de 3 años y medio. Satanás está tras su mente. Esto está establecido en los Cielos antes del tiempo. La guerra entre ellos es una dura realidad. María pasó por su período de tribulación mientras su Hijo estaba haciendo la obra de Su Padre.

Capítulo 5: La producción de la serpiente

Los empleados de la serpiente; su trabajo es conseguir que su público esté lo suficientemente excitado como para creer que realmente *va a conseguir* algo. Cada baile se vuelve más intenso con la seducción, llevando a sus víctimas a un viaje de lujuria. Puede llegar a ser tan intenso que algunos hombres pierden el control y le ponen las manos encima porque sienten que *tienen que* tenerla. La lujuria se apodera de ellos. La realidad es que se enganchan a la fantasía. La gente sigue volviendo porque se sintió tan bien y cerca la última vez que piensan, "tal vez pueda conseguirlo esta vez". ¡Ves, esa es la fantasía! Ella es hábil para envolver y arrastrarse por ese poste como una serpiente, deslizándose hacia el escenario de la manera más seductora, ¡liberando ese fuego serpentino!

La serpiente utiliza el sexo para convertirla en una "diosa del sexo". En este ambiente, el club se convierte en un templo, la bailarina en un dios y el escenario en un altar. Se trata de una representación moderna del antiguo culto ritual. No hay que subestimar el poder del culto. El sexo se utiliza como puerta de entrada al culto. La adoración no es un acto religioso, sino el poder de entregarse totalmente a algo o a alguien (honrar, rendir homenaje, adorar) con el fin de servir para complacer o ser complacido, sin reservas ni miramientos. La adoración se originó en el cielo; fue y sigue siendo honorable para la vida cotidiana.

No se trata solo de un acto religioso, sino de una expresión de amor y servidumbre. Hemos nacido para adorar, hemos sido creados para servir. Fue la relación la que provocó la adoración, no una ley. Cuando una mujer se hace una con esta serpiente, él se apodera de ella en la mente, y ella transmite a través de su cuerpo el mensaje que él quiere enviar a sus víctimas; lujuria incontrolable, transmitida a través de los ojos. Si tiene éxito, entonces sienten que *tienen que* tenerla. Es un intercambio, "¡el amor del dinero por la lujuria de la miel!" ¡Ambos son trampas en las que ninguno de los dos puede ser cumplido o satisfecho!

Él hace que cualquiera que se someta a él (a través de ella) le dé el dinero. El dinero es ahora puesto en el altar, y aquí es donde comienza el sacrificio. Este espíritu está ahora en control y requiere que todos los que están allí participen en el culto, o hace que uno se sienta incómodo o excluido. Hay quienes incluso han sido escoltados fuera del club por no participar. Mientras esté bajo este hechizo, la serpiente le pedirá su dinero, todo el dinero, sin importar para qué sea.

"Ve al cajero automático y consigue más". No le importa tu vida ni tu situación. Es un destructor de la confianza, las familias y los matrimonios a toda costa. No somos un reto para él sin la sabiduría de Dios. Algunos hombres pelearían y se separarían para ir fuera del templo (club) solo para tratar de sacudirse el hechizo. La mayoría de la gente ni siquiera sabe lo que les ha pasado. Se sienten mareados después del hecho porque descubrieron que "gastaron de más" en algo que fue "infrautilizado". ¡Muchos están casados y en relaciones comprometidas y tienen que volver a casa sintiéndose como un drogadicto que gastó el dinero de la cuenta en una mentira! Esta es otra mentira de Satanás para destruir el bien. El ritual está envuelto en un hermoso paquete (desnudez) para causar que sus víctimas sean sobrepasadas por la lujuria insatisfecha, y sabemos, donde quiera que esté la lujuria, encontrarás corrupción. ¡La lujuria encontrará un camino!

Esta víbora ha mordido a gente de todo tipo. Es mortal. Muchos en este proceso de adoración se han convertido en mentirosos y engañadores. Sus esposas y familias ya no los conocen. La razón de esto es que han sido poseídos por espíritus demoníacos, que entraron por medio de la adoración en los clubes. Es un espíritu que viene con todo lo prohibido. El precio que hay que pagar cuando se juega en el patio del Diablo. Todo empieza como una diversión, pero el final es una historia de terror. Mucha gente sale adelante, pero pocos cuentan sus historias, dejando a las próximas víctimas indefensas ante este veneno llamado "diversión". ¡Muchos divorcios y rupturas han sido causados por esta "Guarida del Diablo" o "Pozo de la Serpiente"!

Tristemente, muchos nunca han contado a sus seres queridos la verdadera causa de su cambio de comportamiento debido a la vergüenza y el bochorno que les sobrevendría. El orgullo les permite actuar como si no les importara. Esta víbora ha mordido incluso a los famosos. Se llevará su dinero también, sin fin, y les hará sentir como si estuvieran en la cima del mundo hasta que no puedan pagar sus cuentas. Sé envenenan y "otro muerde el polvo". Lo pierden todo y no tienen nada que mostrar por esta adoración. Esta es la razón por la que Satanás es llamado ladrón, engañador y mentiroso... Esa vieja serpiente, ha estado alrededor desde los días antiguos. La serpiente está en el negocio del intercambio, especialmente el intercambio injusto: placer por dolor, buenos tiempos por malos tiempos, vida por muerte, siempre está negociando, y no tenemos ninguna pista sin Dios de lo que hemos negociado. Satanás es muy territorial, tiene regiones trabajando su plan. Esa es la razón por la que ciertas áreas son conocidas por cosas específicas. Viajamos a ciertos lugares con la confianza de obtener o conseguir algo que no adquiriríamos o lograríamos en circunstancias normales. Satanás gobierna "los principados y las potestades, la maldad espiritual; en las alturas". Esto significa que conoce el protocolo y el orden del reino. Él fue un príncipe, y su venganza proviene de hace mucho tiempo, una guerra en el Cielo que perdió, y todavía está dolorido por ello. Este es el impulso detrás de su odio. Echa de menos gobernar el dominio más poderoso que existe... el trono de Dios; el trono del "Dios Altísimo".

Reconoce a tus adversarios; te seguirán para seguir tu vida, solo para encontrar faltas. Si tienen tanto problema conmigo, ¿para qué molestarse? Siempre están encontrando faltas en ti o algo malo en lo que haces, pero en realidad, no pueden llenar tus zapatos. Ellos viven su vida a través de ti porque no están satisfechos con sus propias vidas, pero nunca lo admitirían. La mayoría de los críticos no podrían vivir tu vida ni siquiera durante una semana, ¡y tú la tienes para toda la vida! La mayoría no podría soportar tus presiones diarias. Pues bien, este es su padre; este es su espíritu, el espíritu del "condenador y crítico". La mayoría de los críticos que tienen tanto que decir sobre ti no podrían soportar ni el 10% del peso que llevas. La mayoría de ellos no tienen tus talentos y dones pero siempre tienen algo negativo que decir sobre ti. Son todo boca y viven para ser tú. "¡Los celos son más crueles que la tumba!" Vivimos en un mundo "voluble" y no es constante ni leal a nadie.

Mira nuestra historia. Hemos tenido algunas de las personas más grandes que han caminado por este planeta en nuestra propia generación, y aun así, los hemos maltratado cuando más nos necesitaban. Hemos utilizado sus dones y talentos para superar algunos de los momentos más difíciles. Nos han ayudado a celebrar algunos de nuestros momentos más memorables con nuestros seres queridos, desde bodas a funerales, graduaciones, reuniones familiares, la iglesia, e incluso más. Hemos tenido algunos de los mejores recuerdos gracias a los sacrificios y regalos que estas personas han dado y hecho por nosotros. Sin embargo, cuando cometieron un error o estaban pasando por sus propios desafíos, cruelmente, sin piedad, los tiramos debajo del autobús y los dejamos por muertos. Sí, les hemos defraudado. Hay que tener un corazón puro para ser leal. Así que yo animaría a cualquier mujer que haya conseguido grandes logros a ser agradecida a Dios, que es el dador de sus talentos y dones. Sé leal a Él, porque siempre estará ahí para ti.

Tus talentos y dones son tus sellos de aprobación por parte de Dios para hacer lo que has hecho. Asegúrate de estar preparado para encontrarte con tu verdadero Padre cuando tu tiempo haya terminado aquí. Él nunca cambiará hacia ti, pase lo que pase.

A veces tenemos que ser sensibles a los tiempos y a las estaciones en las que nos encontramos y no permitir que el enemigo nos atormente haciéndonos creer que tenemos que competir con nuestros propios logros y probarnos a nosotros mismos de nuevo. Libérate y libera tu mente de las expectativas de otras personas y disfruta de las bendiciones que Dios te ha dado. Encuentra algo o alguien nuevo que te aprecie y ame por el verdadero regalo que eres. Hay otro tú en tu interior; deja que el viejo tú se vaya y haz espacio para el nuevo tú... anímate, sé agradecido, feliz y alegre. Dios está ahí cuando eres joven y hermosa, y está ahí cuando eres vieja y arrugada. A través de Sus ojos, siempre serás joven y hermosa. Al ir a tu hogar eterno, Él tendrá un nuevo cuerpo glorioso para ti que nunca envejecerá ni perderá su radiante belleza. Él nunca cambiará sus sentimientos hacia ti, ya sea que seas popular o no tan popular porque Él es tu Padre amoroso y siempre estará ahí para verte. Cuando el mundo te desecha por otro, Dios siempre está ahí. Solo habla con Él, y si solo escuchas, Él te recordará quién eres y de quién eres.

Cuando termines tu viaje aquí, simplemente vuelve a casa al lugar donde están tu verdadera familia y tus amigos. Tu familia del reino nunca cambiará contigo, sino que te amará incondicionalmente con una celebración. Confía y cree, aquellos que se han ido antes que nosotros, que son hijos de Dios, nunca querrían volver aquí. Ellos recuerdan la lucha, tratando de hacer el bien y ayudando a hacer del mundo un lugar mejor. Una vida aquí es suficiente para luchar contra el mal. Usaron los talentos que Dios les dio para ese propósito, y claro, Dios los bendijo con una buena vida, pero tuvieron muchos odiadores. Esto es lo que hace que nos parezcamos a Él; "¡Y fue odiado sin causa!" Pero ahora que se han ido, ¡están en la dicha eterna! Quédate con Dios, y nunca perderás. "¡El llanto dura una noche!" Así que no importa cuánto dolor pases, equivale a una sola noche.

Analiza a tu enemigo, y no permitas que se burle de ti. Sabed esto; uno de cada uno que nace, morirá y después de la muerte, daremos cuenta de para qué reinó trabajamos mientras estuvimos en este planeta. Todos los que vivieron aquí antes que nosotros, desde el más grande hasta el más pequeño, desearían poder volver para decirnos: "No vale la pena si trabajas para el enemigo de Dios. De todos modos, todo pertenece a Dios, y Satanás está negociando con las riquezas y los bienes que de todos modos no le pertenecen. Nadie se lleva nada de esta tierra, y ni siquiera Satanás puede llevarse algo de aquí al inframundo. Él debe decorar su reino de abajo con sus propias cosas. Encontrarás este pequeño dato sobre él; no es creativo; solo es bueno para robar el bien, que Dios creó. Si hay algo bueno en él, entonces es bueno para reconocer lo que es bueno, ¡no para crearlo! Porque al fin y al cabo, cuando tomemos nuestro último aliento en el tiempo, tomaremos nuestro primer aliento en la eternidad, y lo peor que nos puede pasar no es en el tiempo sino en la eternidad.

Podemos permitirnos perder cosas en el tiempo, pero no queremos sufrir pérdidas en la eternidad; tenemos que arreglarlo ahora, mientras tenemos una oportunidad. Él envía armas para destruir vidas, relaciones y matrimonios. Esto es espiritual. ¿Qué otra cosa podría ser? Como cualquier otra cosa, hay excepciones; alguien siempre cruzará la línea. Así que, de vez en cuando, puede haber alguno. En este compacto, la mujer se siente muy poderosa. Siente que alguien la escucha, aunque solo sea su lenguaje corporal. Alguien le ha dado voz, y alguien la está escuchando. Entonces, ¿la juzgará Dios más que al predicador que vende la fantasía? Ahora es educada, tiene experiencia, es fuerte, es valiente, está cansada, ¡pero no es débil! ¡Ella debe ser escuchada como la voz llamada por Dios Todopoderoso! No se trata de una rebelión contra la justicia, sino de una trompeta para el cambio, para la vida.

Debe cumplir su destino y vengarse de sus pérdidas. Hemos utilizado su cuerpo para muchas cosas, pero ahora es el momento de utilizar su voz. Es hora de escucharla, no solo de escucharla, sino de *oírla* y tomarla en serio. Ella ha pagado un precio muy alto para ser escuchada. Utilizó su voz en contra de la orden de Dios, y ahora, para hacer lo correcto, debe, a cambio, utilizar su voz para volver a poner las cosas en orden. Debemos concederle esto. La mujer y la serpiente se unieron para traer este desorden, así que ahora la mujer debe destruir a la serpiente y unirse con su hombre para restablecer el orden. Despierten, gente. La escritura está en la pared. ¡Ella puede construir la iglesia friendo pollo y pescado, pero los hombres son demasiado inseguros para apoyarlos y darles la voz para restaurar la familia que ella destruyó por defecto!

Nos guste o no, Dios es un Dios de orden, y el arrepentimiento de la mujer por el jardín es la restitución por ella usando su voz para construir y obedecer la Voluntad de Dios Todopoderoso. ¡Una mujer gobernará en el Mundo Libre como la superpotencia y la voz en este Nuevo Milenio! Debido al odio de la serpiente hacia ella y cómo le ha robado, y cómo ha estado tras su mente... ¡oh sí, él quiere su mente! Dios la hará presidenta de los Estados Unidos de América. ¡Solo la mujer puede hacer esto bien! Todo se vino abajo desde el principio, una guerra entre la mujer y la serpiente. Ella se vengará a sí misma y a los que la serpiente odia. Las mujeres deben unirse por el bien mayor, que se necesita desesperadamente en el mundo de hoy. La mujer ganará esta vez. Ella ha aprendido y está muy curtida y experimentada; ahora está lista, trabajando con un propósito. Ya no es ingenua ni ciega, y tiene una visión. Su visión es la visión de Dios, y se hará realidad. ¡Es la profecía! ¡Dios la bendecirá con Su gloria tal como lo hizo en los Cielos (Eternidad) antes (Tiempo) de la tierra! ¡Él está buscando a la que ahora escuchará Su voz para que Él se convierta en su voz! ¡Ella debe orar y conocer la voz de Dios! Él no está interesado en una mujer religiosa, sino en una mujer que lo conozca porque está en una relación con Él. ¿Qué significa esto? ¡Es simple; ella conoce Su voz y se mantendrá en eso y ya no hará lo que la voz de la serpiente le está diciendo! Ella establecerá todas las cosas como lo ha planeado Dios para esta última temporada. No podemos tener el Armagedón sin ella. El Anticristo no obtendrá su posición sin ella. Así como el corazón de Lucifer fue revelado a través del odio que tenía por la mujer, así será cuando la mujer tome su posición como presidente. Esto hará que él salga de su escondite. Esto hará que él compita con ella, y ella gobernará bien y con sabiduría divina, trayendo cambios muy necesarios al gobierno en su conjunto. Las políticas que parecían imposibles darán un giro sobrenatural. Ella obtendrá el apoyo porque Dios ha ordenado que el cielo y la tierra cooperen y trabajen con ella. Los líderes hasta este momento fueron ungidos, pero la mujer, elegida y ordenada por Dios será ungida y envuelta en gloria. La gloria de Dios es el ingrediente que falta ya que la mujer es la única que fue creada en la gloria de Dios.

Nosotros, como hombres, hemos tenido el privilegio de ver la gloria, pero la mujer fue creada en ella. Solo un hombre pudo manejar y se le dio la gloria, ¡y eso fue hace más de 2.000 años! La última vez que la gloria estuvo aquí el tiempo comenzó a lo que llamamos, "A.C. y A.D.". Oh sí, ¡esa fue la gloria! ¿Por qué si no el tiempo volvería a empezar en honor a un pobre carpintero? Ahora vamos, amigos, esto no tiene ningún tipo de sentido, ¡excepto qué *tiene que* ser la gloria! El mundo entero debería haber luchado contra el tiempo, volviendo a empezar en su honor.

¿Quién es este pobre hombre de todos modos? ¡Creo que todos sabemos la respuesta! El mundo no puede ponerse de acuerdo en muchas cosas, pero cuando la gloria está presente, ¡las cosas empiezan a moverse! ¡Bueno, prepárate, porque está a punto de moverse! El mundo necesita un verdadero milagro, ¡y los milagros solo ocurren cuando la gloria de Dios está presente!

¡Estamos a punto de presenciar un cambio en el mundo entero! ¡Esta mujer debe entender lo traicionera que era Jezabel y ser lo contrario! Aprende sobre tu enemigo, la serpiente, y véngate no escuchándole, ¡sino escuchando a tu Padre celestial, que es Dios! "¡Ordenamos por tu fuerza en el Señor! Que Dios te bendiga, y que Dios bendiga a América".

El Diablo es experto en hacerte sentir en la cima del mundo cuando estás en lo más bajo. Tiene una variedad de enfoques para asegurarse de que no lo descubras, y si lo haces, ya ha terminado contigo de todos modos. Él es la serpiente. Es el chico malo con encanto, y de alguna manera, te engaña para que pienses que puedes contenerlo... es una fantasía. Él tiene tanto juego por su experiencia que nunca estará satisfecho solo contigo.

La serpiente no te hizo y ciertamente no te ama; ni siquiera es tu tipo. Fue enviada para confundirte.

Dios te hizo, te ama y es Santo. Pero la santidad no es una religión o algún acto religioso de *Por qué odio a la mujer.*

La santidad no es ir a la Iglesia o a la Mezquita, participar en un servicio religioso, ni es lo que dices o cómo te vistes, sino que es una naturaleza. La santidad es pureza, vida, amor, amabilidad, compasión y bondad. Constituye la esencia misma de la paz sin interrupción ni temor. Dios es amor, pureza y bondad por naturaleza y no es un acto. Dios es amor y no importa cuáles sean nuestros dones y cuán poderosos seamos, si no tienes amor, no tienes nada. No puedes actuar como santo. Es ridículo siquiera pensar tal cosa. La santidad es el ADN, y si eres santo, es porque Dios está en ti; ¡no hay otra razón! Es la razón por la que algunos nunca cambiarán o se apartarán de las acciones malvadas; llevan el ADN de su padre... el Diablo.

Tratamos de razonar con ellos todo el día, pero están ciegos a la verdad, incluso cuando está ahí mismo en sus caras. Nunca se disculparán ni se arrepentirán del mal que han hecho. No se arrepentirán de sus malos caminos porque son malvados y hacen lo que complace a su padre, el Diablo. Satanás no se arrepiente de nada; no es su naturaleza hacerlo. Así es como sabrás quién es él y quiénes son sus hijos...

Capítulo 6: Creada a propósito

Ella es la más grande de todas las creaciones de Dios.

Se dice que cuando Dios creó al hombre a su imagen y semejanza, lo creó por parejas: macho y hembra. Esto implica que ambos caracteres y naturalezas de macho y hembra ya estaban en el primer hombre. En la creación, Adán ya contaba con su compañera, lo que significa que la procreación siempre estuvo en él. Cuando llegó el momento, Dios durmió a Adán, le sacó una de sus costillas e hizo a la mujer. Es interesante saber que la mujer al principio de la creación salió del hombre. Cuando Adán se recuperó de este procedimiento, vio al ser por primera vez y la llamó "mujer" porque fue sacada del *hombre*. Ella era del *hombre*.

Fue lo primero y lo único que se parecía a él, pero se distinguía de él por algunos extras obvios y notables que la hacían femenina. Esto era la evidencia de que a ella se le habían dado algunas cosas que el hombre no poseía... vistas y no vistas, por razones obvias, que luego se descubrirán. Adán se sintió muy complacido con el regalo que Dios le había dado, y Dios la llamó "la ayudante o ayudante de Adán". Esto significaba que la mujer debía ayudarlo a cumplir su propósito y destino. En el principio, debemos entender, Dios creó y preparó todo primero para que Adán tuviera en su lugar antes de que la mujer fuera traída. Por eso es la naturaleza misma de la mujer desear seguridad y cosas agradables o buenas en la vida. Cuando tener eso se ve amenazado o parece difícil de lograr, ella entra en el modo *"debo hacer que esto suceda por cualquier medio"*, especialmente si tiene hijos. Desde el principio, esto no fue así, no era responsabilidad de la mujer ocuparse del hogar y o de la familia sola o cómo única proveedora... de hecho, esto es una maldición.

Cuando Dios creó al hombre, lo creó a su imagen y semejanza y con su naturaleza. Adán era el hijo de Dios, lo que convertía a Adán en el príncipe y a Dios en el Rey del universo. Así que Adán era el príncipe, teniendo el dominio o toda la autoridad en este mundo. Todo escuchaba a Adán. No había divisiones o rebeliones de la naturaleza. Es importante entender de dónde vino Adán para empezar a entender a la mujer. Todo lo que fue creado por Dios recibió el poder de reproducirse según su propia especie. Todo fue sometido a esta ley de procreación. La mayor recompensa en toda la vida es la realización de ser lo mejor en aquello para lo que fuimos creados. La vida era hermosa... sin tensiones, sin oposición, sin caos. Por ejemplo: ¿qué pasaría si el sol estuviera celoso de la luna o de las estrellas, de los planetas, o qué pasaría si los peces quisieran ser pájaros, y los pájaros quisieran ser reptiles? Piensa en que los animales quisieran ser humanos, o que se acercaran a un manzano que tuviera manzanas con parte de una naranja creciendo en su interior y dijeran: *"Siempre sentí que debería haber sido una naranja"*. Imagina lo caótico que sería el universo y los mundos si las creaciones se rebelaran contra sus verdaderos y naturales orígenes, haciendo que el poder y el propósito de reproducirse fueran aniquilados. ¿Qué pasaría si todo lo que Dios creó decidiera rebelarse y hacer lo suyo? ¿Realmente no comprendemos que si Dios no hubiera intervenido, no habríamos existido?

¿Qué es el hambre? Supongamos que la tierra decidiera no producir ninguna cosecha, o que las aves protestaran y no produjeran ni se aparearan. ¿Qué pasaría si los peces del mar se reunieran y convocaran una huelga? ¿O qué pasaría si todo empezara a odiar? ¿Odiar a su especie, su origen, su forma de vida, incluso a quien los creó por pura rebeldía? Fíjate en las cosas sobre las que realmente no tenemos ningún control, como la salida del sol y la luz de la luna que brilla en el cielo nocturno;

o el giro del mundo y la existencia tanto del agua salada como del agua dulce. ¿Qué pasaría si todo lo creado con un propósito decidiera que no quiere ser aquello para lo que fue creado? ¿Cuánto duraría la vida, tal y como la conocemos? Por lo tanto, necesitamos tener algo de respeto por la mente brillante que creó el propósito y todas las cosas... ¡necesitamos amor! ¡El amor da, pero el odio quita!

¿Cómo sobreviviríamos? Es un juego de números; a ver, damos por hecho que el mal y el odio que roba, quita y destruye serán suplidos pero, ¿con qué? ¿Dependemos de la forma natural o correctiva de la creación para arreglarlo?

¡Qué egoísmo de, cualquiera que sea ese espíritu, que nos utiliza contra nosotros! ¡Qué ignorancia y egoísmo! No hubo divisiones, caos, ni guerras; solo paz y armonía... el león se acostó con el cordero. Cuando el hombre fue creado, Dios también le dio instrucciones antes de que la mujer entrara en escena. El hombre tenía responsabilidades dadas directamente por Dios. No había sudor ni trabajo duro, sino solo el mantenimiento.

Imagina que no hay renta, no hay hipoteca, no hay facturas de servicios públicos, no hay impuestos, no hay pagos de automóviles, no hay facturas de comestibles, no hay necesidad de deudas de tarjetas de crédito, no hay seguro, no hay necesidad de ninguna de estas cosas. Dios había provisto cada necesidad en la creación. Cuando creó todo, lo hizo pensando en Adán. Al igual que un padre prepararía una guardería para un niño no nacido, que se espera. Todo fue para que Adán lo disfrutara, todo lo que es, excepto un árbol. Sin este árbol, el hombre sería despojado de su poder de elección. Dios nos dio el libre albedrío para elegir. Debemos elegir el bien o el mal.

Nunca acusaremos a Dios de poder elegir. De toda Su creación y belleza, solo hay una cosa que no puede tener, el árbol del conocimiento, del bien y del mal. Esto desafía a los religiosos, que tienen miedo de vivir porque piensan que todo es pecado. Si Adán tenía todo para elegir excepto un árbol, y aún así lo estropeó, entonces ¿qué se supone que debemos hacer cuando los religiosos hacen que todo sea un pecado?

Por eso tenemos tantos hipócritas que llevan máscaras todos los días antes de la COVID-19 porque ellos mismos no pueden estar a la altura. Por lo tanto, se esconden para pasar un buen rato... ¡Dios no es cruel ni tonto así! Creo que juzgarán a Jesús cuando lo vean sí lo ven en el cielo cuando beba un vaso de vino. Seguramente lo llamaran de nuevo demonio. Ya les dijo a sus discípulos que bebería vino nuevo con ellos en el Reino. Si no está en armonía con el Creador para cumplir con su propósito, traerá preocupaciones, estrés, ansiedad, frustraciones, miedos e inseguridades. Esto no se trata de la religión sino del Reino eterno, el Reino que es un establecimiento o gobierno eterno.

No importa quién seas, entiende esto, perteneces a uno de dos reinos, el Reino del Amor y la Vida o el Reino del Odio y la Muerte. Uno es gobernado con amor y entrega de vida y necesidades, mientras que el otro es egocéntrico, alimentado por la lujuria, el odio y la codicia. Los débiles, por muy grandes que sean, reconocerán una fuente mayor que ellos mismos como la razón de su éxito y sus logros y se volverán a Él en tiempos de desafío o fracaso.

Los malvados, sin embargo, siempre buscarán apoderarse de algo que no es suyo en primer lugar. Jamás están satisfechos, no importa cuánto tengan o cuánto poder posean. Viven como si nunca fueran a morir. Nunca admiten haber hecho el mal ni se apartan de su maldad para salvar una vida, sino que continúan egoístamente a toda costa para conseguir sus objetivos sin tener en cuenta otra vida. Nacidos de la carne, ¡somos débiles o malvados! Nacemos a propósito con una fecha de caducidad. Con el tiempo, expondremos quiénes somos *realmente* y de *quiénes* somos. Sé sabio y ten cuidado de no asociarte con tu mayor enemigo para destruirte a ti y a tu familia.

Eva no entendió que le vendieron una mentira. Era muy intrigante para el placer, pero con resultados muy letales. La Serpiente se colocó en el árbol del que Dios les dijo que no comieran. Mientras hablaba con la mujer, sabía que ella no podría resistirse si seguía escuchándolo... No escuches, resiste, y él huirá. Adán era inocente y no tenía experiencia en el mundo; así que, ¿te imaginas la diferencia de las palabras de la Serpiente con toda su experiencia? Eva nunca había escuchado tanta sabiduría, qué sutil seducción. Todo tiene un propósito, bueno o malo, e incluso la Serpiente fue creada a propósito...

Capítulo 7: El Engaño

El Génesis es el libro de los comienzos de las creaciones del mundo y de la vida aquí en la tierra, pero el Apocalipsis es el libro del relato de la eternidad antes del tiempo.

El tiempo es un módulo sacado de la eternidad para el cumplimiento, el propósito, la exposición y el juicio. Así que, sencillamente, el Apocalipsis es anterior al Génesis. ¡Lo que está en Apocalipsis ocurrió primero! Esto es muy interesante. ¡Entiende esto y nunca volverás a ser el mismo! El capítulo 12 de Apocalipsis es un relato de la eternidad y el tercer capítulo de Génesis está unido. El Apocalipsis es un relato del pasado, del presente y del futuro. La mayoría de las veces, cuando se escucha la historia de Adán y Eva, se habla de cómo Eva comió del fruto y se lo dio a su marido. Me gustaría ir un poco más allá. La Biblia habla del Cordero sacrificado antes de la fundación del mundo. Esto significa que la respuesta para los errores o pecados del hombre ya estaba en su lugar. La solución estaba allí antes del problema.

Cuando el Hijo fue arrebatado a su Dios estaba preparado para el sacrificio. Ya estaba escrito en el cielo que la humanidad se quedaría corta. Dios ya tenía la espalda de Adán y Eva, así que fue Satanás quien se la jugó; solo que él no lo sabía en ese momento. Dios le dijo a Adán qué podía comer libremente de todos los árboles del jardín, pero que no comiera del árbol de la ciencia del bien y del mal. Esto desafía la religión y la sugerencia de que Dios no quiere que disfrutemos de la vida. De todas las creaciones de Dios, Él creó todo para el placer y el disfrute de Adán y Eva, al igual que los buenos padres preparan un lugar para su hijo no nacido, como pintar y amueblar una guardería. Todo está preparado para ese niño. Dios les preparó todo de antemano para su placer. Fue un árbol, y solo un árbol, del jardín del que se les dijo que se alejaran y se les ordenó no comer de su fruto. Si eres como yo, podrías decir, ¿por qué poner el árbol allí en primer lugar? Tal vez este problema podría haberse evitado.

La sabiduría infinita de Dios está empezando de nuevo con su propia vida y nosotros estamos en el plan. Dios está construyendo ahora su propia familia y por eso el hombre fue creado a imagen y semejanza de Dios. Adán y Eva son los primeros seres que son como Dios mismo. Esto tenía que ser un sitio para los ángeles y el cielo. Lucifer fue arrojado del cielo con algunas cosas escondidas en su corazón y este es el lugar donde todo será revelado. ¿Pero cómo? Dios sabia que Lucifer no hacia nada bueno mientras estaba a cargo en el cielo y aunque hizo algunas cosas malas y contrarias, la mayoría eran secretos del corazón. La maldad estaba escondida en su corazón; esto se compara con una mujer que está embarazada a término y en trabajo de parto listo para dar a luz. La tentación induce el parto para que esa maldad salga de él. Fue una trampa, porque Lucifer nunca admitiría su odio a Dios y su intención de apoderarse del cielo, especialmente el complot para matar a Dios. Él habría hecho un ejemplo de Dios para poner el miedo en los otros ángeles para que ellos nunca pensaran en hacerle lo que él quería hacerle a Dios. Este era un plan brutal. Pero Dios podía ver y conocer su corazón. A propósito, el momento en que Dios derribó a Lucifer y a sus ángeles fue para que vieran su reemplazo, la nueva creación y obra maestra: la Mujer. Se transformó en una serpiente/dragón mientras miraba casi hipnóticamente la impresionante belleza y gloria de esta gran maravilla... ¡la Mujer!

Ahora que Lucifer estaba en la tierra como una serpiente, aunque Adán estaba en el jardín, la serpiente ni siquiera hizo su presencia. No se dejó ver hasta que apareció Eva. Cuando Adán alabó su belleza como los cielos hicieron con la mujer en la eternidad, fue entonces cuando la serpiente se puso a trabajar.

Observa cómo la serpiente ni siquiera fue mencionada hasta que Eva llegó a existir; ella era su foco y su objetivo. Ella es lo que vio en el cielo, no a Adán. Fue la mujer la que dio vida desde su cuerpo y este diablo nunca lo olvidará. ¡Él trató de destruirla allí mientras estaba en la eternidad, pero no pudo, porque ella recibió ayuda y se escapó! ¡Él odia a la Mujer! Él siente que ella es la razón por la que él fue expulsado del cielo. Él está en negación, como la mayoría cuando están llenos de orgullo y no se apartan de la maldad para hacer un cambio. Es tan malvado que no se hace responsable de lo que ha hecho. Se ha engañado a sí mismo para creer que Dios no sabe lo malo que es. ¿Por qué? Porque está escondido en su corazón.¡Dios le ha tendido una trampa y él ni siquiera lo sabía! Toda la maldad en su corazón debe salir para ser tratada y eliminada para siempre.

Necesitamos a la mujer para que esto ocurra. Él está tan cegado por el odio hacia ella que se dirige a ella de inmediato para tener una charla para ver dónde está su cabeza. Mientras la serpiente habla con ella, practica la misma hipocresía que cometía en el cielo, sonriendo en la cara de Dios y de los santos ángeles. Su corazón está lleno de maldad. Él aún no lo sabe, pero Dios puede ver lo que hay en su corazón. El objetivo de Dios es conseguir que lo que hay en su corazón salga de su escondite.

¿Adivina quién fue contratado para el trabajo? Así es, ¡la Mujer! ¿Has pensado alguna vez, por qué la serpiente no habló con Adán? La razón es que fue la mujer la que vio en la eternidad. Ella era su sustituta, su mayor enemigo, pero era inocente. La serpiente empezó a entrar en ella y le preguntó a Eva: "¿Dijo Dios que no podían comer de todos los árboles del jardín?".

Ella respondió: "Sí, podemos comer de todos los árboles, menos del árbol que está en medio del jardín. No comas de él, porque el día que comas, ciertamente morirás".

La serpiente le dijo a la mujer: "Eso no es lo que dijo Dios, porque Él sabe que el día que coman, serán como dioses".

La serpiente le dio un giro a la verdad y convenció a Eva de desobedecer a Dios. Lucifer sabía que esto la sacaría del favor de Dios. Él necesitaba que ella estuviera en las afueras con Dios. Vean lo bajo y sucio que era. Esta es su misma práctica hasta el día de hoy. Él es un mentiroso y un engañador. Adán está en el cuerpo de un hombre adulto, pero Adán es inocente también. Adán y Eva son realmente equivalentes a menores de edad; no tienen ninguna experiencia. Están recién llegados a la vida. Están desnudos y ni siquiera lo saben en este momento. No han sido introducidos al sexo en el momento en que la serpiente se les acerca. Es un verdadero error pensar que han tenido alguna interacción íntima. Por eso la serpiente es tan efectiva. La serpiente se aprovechó de su inexperiencia en la vida. Se movía como un proxeneta y estafador que se aprovecha de una adolescente fugitiva.

Eva era curiosa y su acercamiento fue muy suave, pareciendo útil e intrigante. Imaginando cómo era la conversación de Adán en comparación con la de la serpiente, Adán está al nivel de Eva, quizás un poco más, mientras que la serpiente tiene y habla con experiencia de toda la eternidad. Eva no tenía ninguna posibilidad, pero Dios ya lo sabía; sin embargo, el corazón de Lucifer debe ser expuesto y toda la creación debe ser testigo de esto y dejar constancia porque los ángeles no saben lo corrupto que está Lucifer hasta ahora. La serpiente estaba en forma de retaguardia, sintiendo el poder de convertirse en uno con Satanás; se había entregado para ser utilizado. Fue muy sabio al hablarle a Eva del árbol del que ella no debía comer de manera astuta. Él estaba en el lugar y la posición correcta, mientras que Eva estaba en el lugar equivocado. Es por eso que una mujer debe estar atenta si es vulnerable, para no estar en un lugar de leones, perros o lobos cuándo es un cordero. Entonces la serpiente sabe que es solo cuestión de tiempo antes de que la mujer coma y pueda hacer su siguiente movimiento. Sabe que si puede atraparla, puede conseguir a su marido, a sus hijos no nacidos, a su familia, su propósito y su destino, ¡todo con la esperanza de llegar a su Dios!

Este enemigo lo que más desea es hacer daño a Dios. ¡Desea tanto quemar a Dios que puede saborearlo! ¡Eva finalmente come la fruta prohibida y sus ojos se abren! ¿Qué significa esto? Ella ve el fruto como bueno para comer y placentero para la comida. Su inocencia ha desaparecido. Ha pasado de la mente de una niña a la de una experimentada mujer de mundo. Ella puede ver visiones de todo tipo de cosas para hacer con su cuerpo y el de Adán. Satanás le está mostrando visiones de cómo trabajar su cuerpo y seducir a Adán y al hacerlo, ganar el control de él. ¡Esta es la introducción de la brujería! Todo este tiempo, bien podrían haber tenido cinco años antes de comer del árbol prohibido. La sexualidad es un regalo de Dios y nunca fue pensada para ser usada para nuestra destrucción. Fue un regalo que no se podía conseguir en la tienda, sino solo de Dios y fue el regalo dado para una relación comprometida. Dios invirtió mucho tiempo y pensamiento antes de diseñar tal cosa; ¡fue diseñado para mejorar la experiencia, no para disminuirla! Eva estaba excitada. Nunca se había sentido así, y no pudo evitar pensar que la serpiente era poderosa. Llamó a su marido para que comiera. Ahora bien, Adán era como la mayoría de los hombres responsables; era un adicto al trabajo y ni siquiera lo sabía. Estaba trabajando antes de que llegara Eva y estaba entusiasmado por conocerla y tenerla, pero quedó atrapado en su trabajo. Cuando Dios instruyó por primera vez a Adán sobre sus deberes y responsabilidades, le dijo que guardara y aderezara el jardín, lo que significa cuidarlo y mantenerlo ordenado y limpio. También le dio la responsabilidad de nombrar a todos los animales, aves y demás. Adán tenía un trabajo y le gustaba su trabajo. Adán era dedicado y fiel a su trabajo. Todos los días Dios los visitaba. Adán era como un niño que corre a saludar a su padre o a su madre al llegar del trabajo. La serpiente le decía a Eva: "¿Quieres que Adán se fije en ti así? ¿Quieres que te adore y que esté igual de emocionado? Bueno, yo puedo mostrarte cómo. Solo come donde yo como, de este árbol".

Hombre, esa serpiente estaba trabajando en ella. Alguna vez has tenido a alguien que nunca pensaste que le darías la hora del día, pero simplemente no se rindió y aceptó un "no" como respuesta. Bueno, esto es lo mejor de Satanás... ¡es consistente!

Entre tanto, Adán olvidó un detalle importante... su esposa. Ella estaba en el árbol mientras Adán estaba trabajando. Muchos asuntos han sucedido de esta manera. Este tiempo de inactividad es peligroso. Adán debía amar, proteger y cubrir a su esposa a toda costa. Estaba un poco atrapado en su vida. Tal vez también estaba un poco demasiado seguro en su relación y mientras no hubiera otro hombre cerca, ¡no planteaba ninguna otra especie cómo amenaza! Cuidado hombres, ¡aprendan de Adán! Muchos hombres hoy en día han perdido a sus esposas por una mentira, una religión, una causa, un trabajo, dinero, una tarjeta de crédito, compras, un salón de belleza, una mujer, un juguete, una droga, una mascota, un dispositivo, un club, un poste, un jugador, un chulo, un estafador, un "novio a pilas", ¡e incluso la televisión! Como resultado, algunos intentan suicidarse, otros sufren depresión o tienen enfermedades mentales. Muchos lo intentan pero se les da una segunda oportunidad. No sabemos lo notoria que puede ser la batalla de la mente cuando se convierte en una guerra y tratas de averiguar cómo has llegado hasta aquí y qué guerra es ésta. Sabes que no te has apuntado a esto pero, sin embargo, debes luchar o perderlo todo. Necesito que alguien, cualquiera, me diga la verdad. ¡El diablo no puede decir la verdad porque es un mentiroso!

La serpiente tiene muchas maneras de llegar a la mujer. Su objetivo final es destruirla a ella y a sus sueños, a su matrimonio, a su familia, a su alegría, a su paz, a toda posibilidad de ser feliz, por cualquier medio. Entonces Eva le da de comer a su marido y él lo toma libremente. Ahora se le abrieron los ojos a Adán. Estaba siendo educado y seducido por la astuta serpiente. Adán no conocía más que las cosas de Dios, mientras que Eva se informaba en las calles. Eva sabía ahora lo que su cuerpo podía hacer y se excitaba y estimulaba a pesar de no ser tocada. Pero la serpiente no la tocó, sino que la atrajo con sus palabras. Ese fruto era como una droga... ella tenía que tenerlo. Cuando Eva influyó en Adán, todo cambió porque una mujer puede ser muy persuasiva. ¡Cuando Dios la hizo, la dotó de poder y gloria! ¡Nada es más grande que una Esposa y una Madre! ¡Mira a lo largo de la historia y dales crédito! ¡La mujer en la eternidad lo demuestra! Ella se casó, tuvo un hijo y comenzó una guerra solo con su presencia. ¡Ella no dijo una palabra-solo se presentó! No hay nada más grande que una mujer que sabe quién es y se somete a su Dios, es poderosa pero humilde, da consejo y recibe instrucción, pero puede reconocer la necedad y la rechaza con clase y gracia. Sabe seguir adelante y mantenerse centrada para salvar a los demás mientras asegura el futuro. ¡Una buena mujer no tiene precio! Ahora, después de qué Eva comió y dio a su marido, Dios visitó a Adán. Oyeron la voz del Señor Dios caminando en el jardín y Adán tomó a Eva y se escondió de la presencia de Dios por primera vez.

También tuvo miedo por primera vez. No conoce ni

entiende estas emociones, pero está reaccionando a ellas. Se escondieron entre las higueras y se cubrieron con hojas de higuera. Dios los llamó y les dijo: "Adán, ¿dónde estás?".

Y él respondió: "Oí tu voz y tuve miedo, porque estaba desnudo; y me escondí".

Y Dios dijo: "¿Quién te dijo que estabas desnudo? ¿Has comido del árbol del que te mandé no comer?"

Entonces el hombre dijo: "La mujer que me disté para estar conmigo, me dio del árbol, y comí".

El Señor Dios dijo a la mujer: "¿Qué es lo que has hecho?"

La mujer respondió: "La serpiente me engañó y comí".

Y el Señor Dios dijo a la serpiente: "Por haber hecho esto, serás maldita sobre todo el ganado y toda bestia del campo; sobre tu vientre irás, y polvo comerás todos los días de tu vida: Y pondré enemistad (el estado o sentimiento de estar activamente opuesto u hostil a alguien o algo) entre tú y la mujer, y entre tu semilla y su semilla; su semilla te herirá en la cabeza y tu semilla herirá el talón de su semilla".

A la mujer le dijo Dios: "Multiplicaré en gran medida tu dolor y tu concepción; con dolor darás a luz hijos; y tu deseo será para tu marido, él se impondrá sobre ti."

Y dijo Dios a Adán: "Por haber escuchado la voz de tu mujer, y haber comido del árbol del que te mandé decir que no comieras de él, maldita es la tierra por tu causa; con dolor comerás de ella todos los días de tu vida; espinas y cardos te producirá, y comerás la hierba del campo; con el sudor de tu rostro comerás el pan, hasta que vuelvas a la tierra, porque de ella fuiste tomado; porque polvo eres, y al polvo volverás."

Imagínate la vida sin el estrés de cuidar a la familia, sin pagos de hipoteca o alquiler, sin facturas de servicios públicos, sin impuestos, sin facturas de alimentos, sin necesidad de seguro, sin enfermedad, sin muerte... solo vida y vivir. El hombre eligió escuchar a su mujer por encima de Dios, pero la realidad es que escuchó a Satanás por encima de Dios. Como su mujer estaba descubierta y desprotegida, el hombre hizo lo más responsable. Él dio un paso al frente, dándose cuenta que mientras el estaba en el trabajo, su mujer estaba desocupada. Ella quedó al descubierto para el patio de recreo del diablo. Adán demostró su amor por su esposa Eva. Estaba dispuesto a comer sabiendo que moriría, pero estaba dispuesto a morir con ella que a vivir sin ella.

Imagina que el poder de su unidad se utilizara como ejemplo de las relaciones en la vida. Esta es la verdadera historia de amor de un hombre que no protegió a su esposa y trató de arreglarlo, aunque fue en contra de Dios. Este es el relato del primer hombre, Adán. ¡Fue puesto a prueba con la Esposa! Jesús es llamado el segundo o último hombre, ¡y es probado con la Madre! ¡Verás, estas dos mujeres son las influencias más PODEROSAS en el mundo! ¡Por eso es el objetivo del odio y del engaño de la serpiente! Todo hombre es el producto de una mujer, pero sobre todo de una de estas dos o de ambas. Todo gran hombre reconocerá en la mayoría de los casos, a su madre o a su esposa y a veces a ambas. Pero lamentablemente, la mayoría de las suegras y nueras no se llevan bien. Mira el poder potencial de tener el apoyo de la madre y de la esposa sin conflictos sino con unidad. Esto es igual a "¡Poder!" ¡Así que tenemos que pedirle al Señor, él que nos hizo, que nos abra los ojos a la verdad! ¡Hemos estado luchando contra nuestra Ayuda! La mujer necesita entender esto; ¡tenemos un enemigo real y una mujer no lo es! Tu enemigo te odia y hará cualquier cosa para destruirte a ti y a tu futuro. El propósito de la mujer es mucho más grande de lo que los ojos naturales pueden ver; debes ver el alma de la mujer. Ella es gentil por naturaleza hasta que es manipulada. Muchas mujeres tienen el potencial de grandeza pero están contaminadas con dolores del pasado. El verdadero enemigo de una mujer es su espíritu, que le envía el peor tipo de compañero, el que la utiliza y le quita la fuerza para cumplir su destino. Las mujeres maltratadas, a su vez, a veces maltratan a sus hijos, no intencionadamente, por supuesto, pero cuando la vida empieza a repartirles una mano que no esperaban, el pánico y el miedo pueden apoderarse de ellas, por lo que responden con ira y viven su vida haciendo daño a los demás.

¿Qué ocurre cuando una joven madre soltera tiene un bebé y el padre de éste no la quiere? ¿Qué pasa cuando una mujer piensa que tener un bebé salvará su relación? El trabajo del bebé es tratar de mantener a los dos juntos. ¿Qué pasa cuando ama al bebé y odia a la madre? Esto es una puerta para que los males consuman a esta joven madre con amargura, falta de perdón y resentimiento. Ella tiene demasiado en su plato y la mayoría de las veces se cierra porque no quiere ser expuesta o mostrar sus sentimientos. Ya se siente degradada. Así que interioriza la situación. ¿Qué pasa con las mujeres que han sufrido abusos y nunca han recibido terapia? Van por la vida sintiéndose incompletas todo el tiempo. La primera persona en la que una joven querría confiar es su madre, pero, por desgracia, muchas madres tienen sus propios secretos profundos y oscuros.

Se sienten avergonzadas y no quieren revelarlos a sus hijas. Ahora la madre sospecha que algo va mal con su hija, porque puede ver las señales, pero no dice nada. De hecho, hace que la hija se sienta incómoda incluso para hablar de ello, ¡y se cierra en banda! Muchas veces la madre soltera se convierte en víctima de muchos hombres diferentes que entran y salen de su vida, porque le aterra estar sola o no ser amada. En muchos casos, el novio de la madre es el maltratador, que abusa físicamente de la madre y sexualmente del niño. Debido a que la madre está en la relación, el niño no tiene elección; ¡también está en una relación! Este enemigo espiritual se aprovecha de esto más que nada. Él mira como la nueva víctima maneja su situación, lo mismo que tantos otros han hecho antes de ellos, tantas generaciones.

Cuando no hablas de ello y lo mantienes en secreto, Lucifer llama a sus trabajadores para que ataquen tu vida. La verdad es la luz, que expone a este enemigo. Nos engañamos para creer que guardando el secreto no estamos añadiendo al problema. Una mujer le da poder al guardar silencio. Muchas madres ni siquiera creen a sus hijas cuando les cuentan cómo han sido violadas y ahora la niña se siente realmente indefensa y desprotegida. Imagina el miedo que tiene la niña al revelar esta información y la madre se acerca al agresor y él, por supuesto, niega las acusaciones y la madre mira a la hija delante de su hombre como si su hija estuviera mintiendo. Así que ahora la hija se siente traicionada, abandonada y confabulada. Imagina lo que le va a pasar a la niña cuando la madre no esté cerca. La niña sabe que ha perdido mientras el agresor se regodea en su posición de ganador. A partir de ahora el niño tiene que crecer rápidamente. Se siente solo y con miedo. Cuando la madre se queda en la relación, envía un mensaje a su hijo de que ha elegido al novio antes que al niño. En cualquier caso, esto es enorme en nuestras comunidades; las nuevas relaciones procedentes de relaciones rotas se convierten en "Gente herida, gente herida". Un día esta niña será una mujer adulta y ¿quién sabe cómo manejará la vida y a sus hijos? ¿Será protectora o cederá a su pasado y repetirá este círculo vicioso? La realidad es que hay un enemigo mayor que el que podemos ver. Este problema del odio es real y debe ser tratado. Tenemos que ocuparnos de la raíz y no del fruto. El fruto es lo que podemos ver, pero la raíz es algo que no podemos ver. El fruto se produce desde la raíz. ¿De dónde viene ese odio? ¿Quién o qué está detrás de que una persona adulta abuse sexualmente de un bebé o un niño?

¿Qué haría que un hombre adulto dejara a su mujer en la

cama y se metiera en la cama con una niña para agredirla sexualmente cuando está indefensa? Son muchas las mujeres que se han visto intimidadas por estas horribles circunstancias. Esto es espiritual y no lo digo como chivo expiatorio para nadie, ¡pero es una realidad! Debemos saber que es más grande de lo que vemos. ¿Quién estaría dispuesto a asumir semejante hazaña? Alguien tiene que sentir la llamada, alguien que pueda identificarse, que sepa lo que es ser maltratado, tener miedo y estar desamparado. Cuando una persona logra salir de esos horrores, es ungida para ayudar a otra persona. Tienen un poder del que tal vez ni siquiera sean conscientes, ¡pero nunca lo sabrán si no lo intentan! Esta es la contrapartida y la recompensa de la perseverancia. No se trata de que sigan con sus encantadoras vidas como si no hubieran pasado por nada. Muchas mujeres las necesitan desesperadamente, más de lo que probablemente sepan. Necesitamos más mujeres que ayuden a otras mujeres. Esto está afectando a los matrimonios, las relaciones, los hijos y la vida en general. Si no solucionamos el problema, destruirá el potencial de felicidad de las vidas en todas partes durante las generaciones venideras. Metemos demasiadas cosas debajo de la alfombra. Todo este asunto de la vida en la tierra es solo eso. Dios tiene un lugar donde no tenemos una alfombra eterna bajo la cual barrer nuestra suciedad. Esta vida es para esto: ¡para dar testimonio de la verdad! Todos los que puedan soportar la verdad escucharán la voz de Dios. Las personas son puestas en esta tierra y se les dan circunstancias inexplicables con el propósito de exponer, ayudar y rescatar a niños inocentes.

Los niños buscan respuestas de sus padres que parecen haber permitido simplemente que estas cosas sucedan. A veces las madres dicen que se sintieron paralizadas por el miedo en ese momento. Algunas dicen que se sentían como si estuvieran atrapadas y no tuvieran a dónde ir, y que parecían estar bajo un hechizo. No pueden explicar por qué no acudieron a rescatar a su hijo. A veces luchamos y muchas veces por ignorancia. Dios nos da personas que tienen la responsabilidad de provocar el cambio. Tenemos muchos ejemplos a lo largo de la historia. Puede parecer que a nadie le importa o que tú sola llevas el peso, pero la verdad es que hay muchas otras personas que están como tú, y que están esperando encontrarse y sabrán que es su verdadera hermana al compartir las mismas experiencias. Puedes encontrar refugio en esto. Confía y cree que no estás sola en esto.

Capítulo 8: Jezabel

¿Quién es Jezabel?

El relato bíblico es su referencia más popular y notable, pero a menudo es malinterpretado y malentendido. Cuando escucho a la gente hablar de Jezabel, la mayoría de las veces la identifican como una prostituta; con mucho maquillaje, vestidos o faldas cortas, una mujer perdida, una seductora del sexo y sin material para el matrimonio. Esto está muy lejos de la verdad ya que ella es todo lo contrario. Mientras buscamos estas características, la verdadera Jezabel comenzó como una chica encantadora nacida de un rey y viviendo una vida de realeza en un reino. Su padre era el rey de Canaán, así que era una princesa, no una buscadora de oro. No tenía que vender su cuerpo para comer y vivir. Era virgen y se reservaba para el aún no descubierto marido del paseo. Ella es de la realeza, una princesa, y criada en el reino de su padre. Estaba siendo preparada para la grandeza. Se le proporcionó la mejor educación disponible en el mundo. Ha tenido acceso a las mejores bibliotecas, instructores, eruditos y maestros a su disposición. Era muy lista, sabia, inteligente, hermosa, deseable y respetada, pero pronto sería temida. Su padre la estaba moldeando para convertirla en "una fuerza a tener en cuenta".

Lo peligroso de Jezabel es que ella sabe quién es, pero no tenía idea de cómo iba a hacer historia. Se habla de ella a través de todas las generaciones y pueblos. No espera ser validada de ninguna manera fuera de su mundo; se ha hecho a sí misma una reina y un dios, y es adorada como tal. Su padre la moldea y da forma para que sea la más letal de las armas: el cerebro y la belleza. Jezabel es la deseada de todos los hombres, pero se entiende que solo unos pocos son dignos debido a su estatus y estatura. Es admirada, respetada, pero también temida. Hay que comprender su origen: nació como princesa y se convirtió en reina. Esta mujer estaba tan concentrada en cumplir su misión y su destino que se unió al espíritu que la impulsaba y utilizaba. Es una mujer con poder y autoridad. Ella es una que se ha comprometido a una relación con el espíritu de Lucifer, mucho antes de comprometerse con un hombre. Ella está casada con Lucifer y está en una relación comprometida. Ahora, Lucifer es capaz de usarla como una extensión de él, simplemente porque son uno. Ella es un modelo de cómo una mujer debe comprometerse con su marido y su matrimonio. Ella demuestra los beneficios del acuerdo y lo poderoso que es convertirse en uno. Su compromiso es con el espíritu, no con la carne. Lo que se modela aquí, no es su compromiso con el marido en la carne, sino con su verdadero marido, que es el espíritu. Lucifer es su primer esposo y ha estado con ella por mucho tiempo. A él no le intimida que ella tenga un hombre en cuerpo, siempre y cuando él pueda beneficiarse de la relación. Ella debe permanecer fiel a su relación en todo momento y no perder el foco. Muchas mujeres están casadas con un hombre, pero en realidad, el matrimonio está en crisis porque ella siempre será fiel al marido espiritual primero; ahí es donde está su lealtad.

El marido espiritual está con ella siempre mientras que el marido natural se pierde con las responsabilidades y a veces se distrae con otras relaciones, ya sean de negocios o personales. Esta es una de las razones, si no la más promenorizada, de los divorcios hoy en día, porque ella siempre puede conseguir un hombre u hombres para reemplazar a un hombre pero no se divorciará de su verdadero marido... ¡Lucifer! Él le promete que cuidará de ella, que conseguirá un hombre mejor y tendrá una vida más grande sin el marido. También le dice que el matrimonio le impide tener una buena vida y que puede hacerlo mejor. ¿Por qué comprometerse con este único hombre cuando puede elegir entre los demás? Si las mujeres fueran sinceras entre ellas y con sus maridos, les dirían cómo han sido embaucadas. Entonces ella escucha al espíritu que es su consejero y tristemente, muchas mujeres incluso dirán que Dios les dijo que lo hicieran. Antes de que cualquier mujer se comprometa a casarse, debería estar segura de que es soltera. Finalmente, desde la caída de Lucifer de su trono en el cielo ha encontrado una mujer que puede utilizar plenamente; una que no se resiste ni es reacia a él. A través de Jezabel, consigue cumplir su fantasía de ser un hombre y una mujer al mismo tiempo que tiene su emoción de tener el control. Normalmente, Satanás muestra su cara a la mujer, oscura y fría pero Lucifer es él, "glamoroso, arrogante y pomposo". Por cierto, Satanás es el alter-ego de Lucifer.

¡Son lo mismo, pero operan desde dos perspectivas diferentes y entienden cómo someterse el uno al otro, para permitir que el mejor personaje se presente para que el trabajo esté bien hecho! Imagínate cómo debe sentirse para haber pasado por el tiempo buscando una mujer que se convierta en uno con él... ¡un matrimonio! Jezabel puede escuchar a Lucifer más claramente que cualquier otra mujer hasta la fecha y se complace en tener tal relación. Ella busca complacer a su marido que está con ella siempre. Tal como dije antes, la mayoría de las veces incluso piensan que es Dios, ¡porque pueden sentir el poder de sus movimientos! Es importante conocer el carácter de Dios; Dios ama, es pacífico, cariñoso, sacrificado, sufrido, dadivoso, desinteresado, compasivo, dador de vida, alegre, unificado, guardador de promesas, protector y escudo para los suyos. Lucifer necesita algo con lo que trabajar y su deseo de ser amada por su padre será la puerta de entrada al "Maligno". Dispuesta a hacer cualquier cosa por su padre el rey, parte al encuentro de Acab el rey de Israel. Su padre necesitaba a Israel como aliado. Entendido esto, su padre le da una misión y le pide que complazca al rey de Israel. Su misión es hacer que el rey se enamore perdidamente de ella. Ella está dispuesta a hacer cualquier cosa para complacer a su padre y llegar al poder. El padre lo sabe y se aprovecha del corazón de su hija. Justifica sus acciones por el mero hecho de que un día el reino será suyo. Ella se ganará el corazón del rey Acab e inevitablemente obtendrá la nación de Israel. Será rebelde a su propio marido como hombre pero se someterá a otras autoridades en relación a que tenga poder sobre hombres y mujeres, generalmente en el hogar y en el trabajo.

¿Cómo se selecciona a la mujer que se desposa con un espíritu demoníaco? ¿Quién será una candidata para tal compromiso? Definitivamente será alguien que ha sido víctima de las circunstancias, ansiosa o demasiado ambiciosa; muy probablemente abuso sexual, abuso de drogas, abuso de alcohol, abuso verbal, violencia doméstica, rechazo, abandono, baja autoestima, depresión - todos estos son portales. Mientras buscan complacer a uno, dañarán a otro.

Después de ser una víctima, ahora está preparada para su verdadero marido, que es el que no podemos ver pero sí oír, y que es su asesor y consejero. La razón por la que ella le obedece es porque obtiene resultados. Él le da una salida o respuesta a un problema o solucionarlo. Esto le da la confianza para no ser nunca más la víctima, por lo que ahora se convierte en la vencedora reclamando muchas víctimas. Una vez que pruebe este poder, nunca volverá a ser la misma. Sus recuerdos del pasado o sus puntos más bajos fueron una gran vergüenza para ella. Ella usa lo que ha aprendido de sus experiencias pasadas como poder para empujarla a su dominio y posición dominante. Jezabel, en este punto, no es una mujer sino un espíritu actuando como mujer porque es sumisa a su esposo espiritual. Ella le dirá a su esposo natural que se calle y luego se irá a escuchar a su esposo espiritual. Él está con ella todo el tiempo y no quiere que sea aconsejada por nadie más que por él mismo. Muchas mujeres son realmente víctimas de este mal y ni siquiera lo saben debido a su posición de poder. Si ella está usando su poder para poner a la gente en esclavitud en lugar de liberarla, es el enemigo. Si todo lo que logra viene de la manipulación, entonces es el enemigo, no Dios. Muchos pastores están operando en el espíritu de Jezabel mientras dan a Dios la alabanza de sus labios, pero glorificando a Lucifer/Satanás por sus obras. El espíritu de Jezabel es manipulación, dominación e intimidación. Muchas iglesias hoy en día son dirigidas por este espíritu. Hay que entender que es un espíritu, así que si alguien está hambriento y desesperado por una posición, poder y autoridad, entonces Lucifer usará a un hombre o a una mujer, no importa-los usará de cualquier manera. Los proxenetas son obligados por este espíritu; la esclavitud fue impuesta por este espíritu. Los amos de esclavos operaban en el espíritu de Jezabel. Sus más grandes logros han sido usando el nombre de Dios y la religión como vehículos para el movimiento; "¡Ganancia egoísta!" Recuerda que Jezabel se rodeó de gente piadosa, incluso de Profetas. Ella contrató a los profetas de Dios y les ofreció un salario para profetizar para ella; para profetizar mentiras para su riqueza y prosperidad. Este espíritu es muy inteligente, altamente intelectual y prácticamente irresistible e intrigante. Lucifer es inteligente, organizado, encantador, apuesto, bello, egocéntrico, egoísta, rico, extravagante, carismático, asesino, elocuente, constructor de grandeza y aficionado a las cosas bonitas, como las mejores que el dinero puede comprar. Mientras que, por otro lado, Satanás es ignorante, astuto, escurridizo, despiadado, ruidoso, franco, sucio, egoísta, egocéntrico, de corazón frío, abiertamente cruel, un asesino de todo y de nada, y un destructor de todo lo bueno. Lucifer y Satanás son el mismo ser con personalidades divididas. Jezabel trabaja para ambas personalidades. Mientras que a Lucifer no le gusta ensuciarse las manos, pagará a alguien para que haga el trabajo sucio por él. A Satanás le encanta la suciedad y es por eso que estas dos personalidades hacen el trabajo; saben cómo someterse el uno al otro. Uno es un asesino vestido con elegancia y educación, que mata usando una pluma, y con astucia teniendo la ley de su lado. El otro se pone un pasamontañas, te roba y simplemente te vuela los sesos. Este es el mismo ángel caído, no dos sino uno, trabajando la esquizofrenia. El espíritu de Jezabel adora el dinero y las cosas compradas con dinero; Baal. El profeta Elías y Jezabel eran archienemigos porque el verdadero profeta no está en venta y no se vendería. ¡Cuántos líderes tenemos que empezaron de una manera y terminaron de otra simplemente por el "amor al dinero"!

El profeta Elías mató a 450 profetas del Señor que se vendieron a Jezabel. Elías había entrenado a estos hombres para el servicio de Dios. Jezabel amaba la adoración en el templo. También le gustaba rodearse de profetas y hombres de gran influencia. Ella usaría su influencia sobre los profetas para decir una palabra al pueblo que creía en Dios y en sus profetas. Era lo suficientemente inteligente como para someterse y ser obediente a la voz que la guiaba. Le informó de que el pueblo no la escucharía a ella pero sí a su Dios. Así que utilizó a los profetas que se suponía que eran hombres de Dios, que representaban a Dios. Así fue como controló al pueblo sin que se sintiera controlado. Ella es una maestra de la manipulación. Ellos la sirvieron, creyendo que estaban haciendo el servicio de Dios. A diferencia de hacer esclavos a través del derramamiento de sangre y la guerra, Jezabel con gran carisma, los hizo esclavos a través de la religión y la adoración. Era muy carismática y persuasiva para conseguir que el pueblo diera ofrendas a Baal. Pero, en realidad, todo era para la reina; ella era su dios pero ellos no lo sabían. Se dejaron llevar por el deseo de complacer a la reina. La gente quería dar porque le agradaba a Jezabel recibir regalos, ya sea dentro o fuera del templo. No querían experimentar su ira. Querían mantenerla contenta. El pueblo solo quería servir a Dios, pero, engañosamente, Jezabel les ofrecía el Dios de su elección... ¡ella misma! Se vestía con tal ropa que la gente la adoraba y admiraba, y quería ser como ella. Las mujeres veían su belleza y su fuerza y deseaban ser como ella. Ella trajo un elemento diferente a la tierra. Las mujeres no estaban acostumbradas a ver este tipo de poder en una mujer. Ella tenía al rey Acab envuelto alrededor de su dedo.

Ahora recuerda, Jezabel no tenía idea de cuán poderosa y dotada estaba. Acab le dio la confianza porque ella solo estaba tratando de complacer a su padre mientras intentaba complacer a su marido. Su amor expresado por su esposo no era amor en absoluto, sino un arte al convertirse en poder. Una vez que Jezabel experimentó el poder de seducción que tenía sobre la gente con los juegos mentales y el sexo, nació un monstruo, y no habría vuelta atrás para ella.

La joven antes frágil e intimidada que temía salir de casa para ir a un lugar extranjero, era ahora la fuerza dominante a tener en cuenta en toda la tierra. Empleaba su influencia para conseguir todo lo que quería y deseaba. Era un tipo diferente de reina y no una simple figura como tantas otras antes, sino una verdadera tomadora de decisiones entre bastidores y al frente. Con su falsa humildad como cobertura, fue exaltada a los cielos. Ahora era la única iniciadora de las guerras en curso. Utilizaba el anillo de su marido, el rey, para firmar los documentos para emprender la guerra o la paz. Incluso el rey Acab reconocía que estaba fuera de su liga con ella. Él se encontró en guerras con sus antiguos aliados debido a las prácticas secretas de poder no autorizado y malversado de ella. Ella estaba falsificando la firma de su marido y utilizando su crédito para establecer el suyo propio. Tomaba tierras y propiedades a su antojo e incluso mataba a todos los que se oponían a ella. Tomaba decisiones únicamente en función de cómo se sentía o percibía una situación. Ella estaba llena de lujuria por las cosas y nunca podía tener suficiente. Ahora el Reino de Israel estaba bajo su control total.

El rey Acab pronto se convirtió en una mera figura. Fue despojado de su hombría y representó el poder solo cuando estaba lejos de la presencia de ella. Sus hombres sabían que era débil, un mal ejemplo, pero no se atrevían a decir nada, pues también temían la ira de Jezabel. El espíritu de Jezabel estaba en toda la tierra, incluso en los hogares. Las mujeres se sentían algo inspiradas por esta tirana. No estaban de acuerdo con muchas de las cosas que Jezabel pudo haber hecho, pero estaban algo intrigadas por su influencia y poder. Las mujeres estaban luchando contra sus prejuicios de que ella era de otra cultura, raza o pueblo contra el poder que estaban sintiendo en sus propios hogares debido a esta extranjera. Las mujeres no estaban acostumbradas a tener tanto poder o voz en el hogar. Se estaba convirtiendo de repente en el sueño y el héroe de todas las mujeres, al tiempo que era el mayor temor y la pesadilla de todos los hombres. No se quería cometer el terrible error de ir contra ella. Todos los que votaron o la apoyaron fueron recompensados y reconocidos; fue una gran recompensa y se corrió la voz rápidamente. Si no estabas de acuerdo guárdatelo para ti, no había beneficio en la refutación.

Ahora Jezabel era la cabeza de la casa y de Israel. Lo que fue tan perturbador para Acab fue que no lo vio venir. Mientras Acab era el beneficiario de los placeres seductores, su esposa se estaba apoderando de su reino. Mientras dormía después de una sesión alucinante de pasiones salvajes, a Acab le estaban chupando el reino y su vida. Aparte de su matrimonio, la realeza tuvo unos comienzos matrimoniales tan modestos y tradicionales, pero ahora su esposa era el poder que se temía y tenía la mayor influencia en la tierra. Ella era ahora el póster del dicho "Lo que es tuyo es mío y lo que es mío es mío". Lucifer está orgulloso de ella. Ella es la representación más cercana hasta la fecha de lo que él es en un ser natural terrestre. Así es como quería operar y tomar el control en el cielo, cuando dijo: "¡Pondré mi trono sobre el trono del Dios Altísimo!"

Para apoderarse de un reino o una casa, primero debe atar o silenciar a quien se supone debe estar a cargo. Por eso Dios describe al rey Acab como una desgracia, un mal ejemplo de hombre y de rey. La caída de Lucifer fue porque desafió a Dios en la forma de hacer las cosas.

El diablo no estaba de acuerdo con Dios en muchos temas pero Dios sabía que la toma de decisiones y el comportamiento egoísta de Lucifer era destructivo y no tenía longevidad para la vida. El espíritu de Lucifer en la persona de Jezabel era egocéntrico y egoísta. No le importaba nadie más que ella misma. Ella gobernaba Israel y Canaán. Ella era la sucesora del reino de su padre y la gobernante del reino de Acab. El espíritu de Jezabel destruiría todo lo que no pudiera controlar o someter. Cualquiera que se resistiera sería puesto como ejemplo; no vayas en contra de Jezabel por ningún medio o sufre las consecuencias. Este espíritu había estado presente durante mucho tiempo. Funcionaba a través de las personas y las circunstancias. Se mostraba en los matrimonios, en los negocios, en los gobiernos, en las iglesias, ¡y hasta en la esclavitud! A menudo nos dejamos engañar por los títulos y las posiciones, pero la sabiduría de Dios nos sugiere que seamos conscientes del espíritu que está en funcionamiento; es cuando nos hacemos uno con un poder mayor que el que vemos. La gente puede ser impulsada por este poder del bien o del mal y saber que es algo mayor que ellos mismos.

¿Cuántas veces ha admitido una persona que se ha quedado atrapada o fuera de sí al actuar o dar un discurso? Y qué decir de ésta: "¡Yo no he hecho nada; soy inocente!". Los espíritus están presentes buscando compañeros para hacer el trabajo y declarar quién les pertenece.

Es una batalla de reinos aquí mismo en la tierra. Jezabel estaba construyendo a Israel para ella misma importando la riqueza a su dios, "Baal". Ella estaba construyendo su dios, que se puede ver, y derribando al Dios de Israel que no pueden ver, porque Él es espíritu. Ella siente que son tontos al servir a un dios invisible porque los cananeos adoran solo cosas de "valor"; cosas tangibles, dioses que se ven. Así que ella les dio un dios que podían ver; "¡Muéstrame el dinero!" Les enseñó que si tienes dinero lo tienes todo y si no lo tienes, no eres nada. Así que liberó un espíritu en la tierra para que hiciera lo que fuera necesario para conseguir el dinero. Tráele una parte y te alabará ante todo el pueblo de lo grande que eres, también les dio esperanzas de estar con ella y ser como ella... traicionera. Ella controlaba y ponía líderes sobre ellos con espíritus seductores, haciéndolos sentir bien pero sin cambiar sus vidas para bien. Muchos de nuestros líderes son ungidos desde la casa de la iglesia hasta la corte y el gobierno pero han sido rechazados por

Dios con esa misma unción porque la usan para hacer el mal. No se equivoque, los líderes son ungidos ya sea en la iglesia o no. Lucifer fue ungido mucho antes de la adoración en la iglesia. Entiende esto, por favor. Hasta la caída de los ángeles y luego la caída de la humanidad, no había necesidad de iglesia o religión. Se trataba de relaciones y todavía lo es. El propósito de cualquier supuesta religión era y es, volver a tener una relación con Dios el padre, no quedar atrapado en algún tipo de culto ritual.

No hay nada nuevo bajo el sol. Lucifer es el maestro sobre los ángeles caídos mientras que Satanás es el maestro sobre los espíritus demoníacos. Ambos espíritus operan en el orgullo, el odio y la rebelión contra Dios. Ni Lucifer ni Satanás tienen el don del arrepentimiento. La señal de alguien que opera en este espíritu es que nunca se equivocan, no se disculpan por nada, no se arrepienten ni se apartan de su maldad; carecen de la capacidad de hacerlo. Están llenos de orgullo. A propósito, Dios le ordenó a Moisés tener siete días de pan sin levadura después de que los israelitas fueran liberados después de más de 400 años de esclavitud, para que recordaran de dónde venían y no fueran esclavos solo porque Dios los liberó. El enemigo nunca los habría dejado ir por la bondad de su corazón. Pidió esto como recuerdo de Él y de ellos; para mostrar a sus hijos humildad sin importar la cantidad de sustancia que recuperarían o con la que serían bendecidos en el día 14 al 21 del primer mes del año, cada año. Comer pan sin levadura, o pan plano, para recordar cuando eran esclavos y su pan no subía porque no podían pagar la levadura. Era una distinción de la comida de un esclavo. Dios llamó a esto su Pascua y para recordar la sangre del cordero que fue derramada por ellos y puesta sobre el dintel de sus puertas.

Recordando la última placa, Él había golpeado a sus enemigos matando al primogénito de cada casa. Dios envió una placa en la forma del Ángel de la Muerte. Dios lo hizo así de simple: "Donde esté la sangre en la puerta no golpees, sino pásalos". Así que celebraron esta ceremonia desde ese año hasta el momento en que Jesús vino y se presentó como ese Cordero de la Pascua. Ellos vieron a un hombre; el cielo vio al Cordero. Cuando comulgamos necesitamos reconectar con la raíz de por qué tenemos la sangre y el cuerpo simbólicos en forma de vino y pan.

Jezabel esta en muchos disfraces. Ese espíritu se sobrepone especialmente cuando lo limitas a una mujer. No. Es controladora, mentirosa, posesiva, dominante, insegura, desesperada por atención y manipuladora. Sé disfraza por fuera y se desordena por dentro. Si practicamos el servicio en lugar de querer ser siempre servidos, podemos tener la esperanza de sanar la peor pandemia que ha golpeado el cielo... ¡El orgullo! El compañero más poderoso de Jezabel, créanlo, es el *orgullo*.

Capítulo 9: La Mujer

Cuando Dios estaba listo para producir vida, creó a su compañera... ¡la Mujer!

La reparadora, la arregladora, la dadora de vida, creada a propósito para sumar y multiplicar hasta que su enemigo la introdujo en la resta y la división.

La mujer, ¿quién es? ¿De dónde viene? Ella tiene algo que ver con todo lo que no se ha revelado. Es una criatura misteriosa y majestuosa, pero a veces complicada. Ella es la conductora y dadora de vida, compañera del productor de vida.

La mayoría de los grandes momentos y recuerdos de la vida se le atribuyen a la mujer. La mayor parte de las influencias e inspiraciones para el arte, la música, la poesía, las canciones y las cosas buenas de la vida se deben a ella. La forma en que trabajamos, jugamos, nos vestimos, comemos y nos relacionamos está rodeada por ella. La mujer es el lugar de nacimiento del amor. El "Productor" creado se convirtió en "Consumidor". ¿Cómo ha sucedido esto? Estas y otras preguntas las abordaremos al emprender este viaje.

Ella es algo que está muy por encima de las piedras

preciosas y las cosas materiales. Ella no es como cualquier otra criatura o creación. Ella es más que una apariencia bonita, un gran cuerpo, un objeto sexual o una sirvienta y definitivamente no fue creada para ser esclavizada por nadie ni por nada. Ella es una voz que debe ser escuchada desde una perspectiva diferente y que necesita desesperadamente ser escuchada.

La mujer es una dadora de vida y amor; una arregladora de corazones. Tal vez si es mal aconsejada o maltratada, se convierte en una "rompecorazones".

Si está atrapada, suele cargar con secretos a lo largo de su vida. Desde la infidelidad, el abuso sexual, la violación, el maltrato, los embarazos no deseados, los abortos, el cargar con los secretos de cómo concibió a un bebé a partir de una aventura, hasta tener un hombre que cría a un niño sabiendo que no es suyo. Estas son solo algunas de las cosas que una mujer puede llevar a veces hasta la tumba.

Puede ser líder, consejera, amiga, compañera, consoladora, prima, tía, hermana, novia, esposa o madre, buena o mala. ¿Puede ser sustituida? ¿Será sustituida? Si es así, ¿quién podría o intentaría sustituirla? ¿Qué son esos celos de ella? ¿Habría amor o vida en el mundo sin ella? ¿Cómo podríamos reproducirnos sin ella? Nos extinguiríamos. ¿Quién es como la mujer en comparación?

Imagina el mundo sin una sola mujer. ¿Seguiría un hombre queriendo tener éxito o ser tan ambicioso? ¿Y las artes? ¿Sobre qué escribiríamos o cantaríamos? ¿Cuál sería nuestra temática? ¿Estaría el mundo tan avanzado? ¿Hay algo más en la existencia, que sea amado y odiado, admirado pero envidiado al mismo tiempo?

¿Hay algo que pueda producir más placer o dolor? ¿Hay alguna otra criatura por la que se quiera vivir o morir?

¡Qué creación!

¿Haríamos las mismas tonterías para impresionar o cometeríamos los mismos errores? ¿Cuál sería nuestro argumento para la infidelidad? ¿Seríamos tan competitivos o estaríamos tan motivados? ¿Se conformaría la sociedad con tener un hombre en su lugar o un entorno solo para hombres?

¿Podría alguien ocupar el lugar de la mujer? Ella es el amor y sin ella no lo conoceríamos ni lo habríamos experimentado plenamente. Desgraciadamente, la otra cara de la moneda es que la mujer es objeto de abusos como la violación y el acoso a una edad muy temprana.

Está expuesta como una niña inocente a la violencia

doméstica. A medida que crece, está expuesta al alcohol, las drogas, las violaciones y los abusos físicos y mentales. Es traicionada y vendida como esclava, y traficada como esclava sexual. Se enfrenta a la personificación del rechazo, el dolor y el abandono. Puede ser débil y, al mismo tiempo, la más fuerte para sobrevivir y hacer frente a circunstancias insoportables. Independientemente de su raza, religión, estatus social o clase social, es implacable en su carácter, sin dejar de ser protectora.

¿Por qué es el blanco de la violencia, el sexo y los crímenes de odio, especialmente si se la deja desprotegida? Siempre hay un merodeador suelto y va detrás de todas las generaciones. Hay tantas víctimas criadas en ausencia y presencia de un padre amoroso. ¿Sabías que el diablo se llevó a Eva mientras Adán estaba trabajando? ¿Cuál es la fuerza motriz de este aborrecimiento? Para encontrar la respuesta, hagamos un viaje al principio, antes de que la mujer existiera. ¿Cuál es la razón de su creación, su propósito? ¿Por qué el odio hacia ella? ¿Quién podría odiar una creación tan hermosa que puede hacer la vida tan buena? ¿Por qué convertirla en malvada? ¿Por qué utilizarla para el mal? ¿Por qué manipularla? Si es malvada, ¿qué pasó?

¿Siempre fue así o hubo una serie de acontecimientos que

la convirtieron en esto? ¿Por qué nos fijamos con tanta lujuria en su forma física y en su aspecto exterior? Ella tiene mucho más que la mayoría nunca llega a ver. Esta es su parte de Dios. Está en el interior... su mente. Esta no es la creación original.

Las mayores contribuciones e influencias en este mundo son las mujeres. Pero la madre y la esposa necesitan reconocer su grandeza. Si te aman y están a tu favor, pueden ser lo más grande que te haya sucedido, pero por otro lado, si están en tu contra, nada ni nadie más que Dios puede ayudarte.

¿Por qué la mayoría de las veces la suegra y la nuera no se llevan bien? ¿Por qué están casi siempre en desacuerdo? La razón es que la semilla (el hijo) es el centro de la llamada divina de la mujer. La batalla comenzó con la profecía sobre la semilla.

Para la madre, él es la esperanza de su futuro, para liberarla. Ella espera que él recuerde cómo lo protegió y lo cuidó cuando él no podía cuidarse a sí mismo. Para la esposa, él es su hombre, su amante, proveedor, protector y padre potencial de sus hijos. Lo es todo para ella. Un hombre, no el hijo de alguien.

Estas dos mujeres están luchando por el amor de un hombre. Es importante que estas dos poderosas mujeres sepan y comprendan que se necesitan mutuamente de maneras inimaginables. Si se ponen de acuerdo, no hay límites.

Una lo ve como su hijo, mientras que la otra lo ve como su hombre. Las dos reclaman conocerlo y, por supuesto, la madre siente que es la que mejor lo conoce. La madre, que lo ha criado y alimentado, se siente justificada en el mejor de los casos. Pero la esposa siente algo totalmente opuesto. Para ella, él no es un niño. Bueno, tal vez a veces un poco infantil, pero en todo caso un hombre... ¡su hombre!

Estas dos fuentes de poder son más grandes de lo que a veces saben. La madre debe entender los sentimientos de la esposa y la esposa debe tratar de entender los sentimientos de la madre.

¿Por qué? Porque la madre con el hijo, más que probablemente en un momento u otro, estuvo bajo la presión de ser aceptada.

Muchas mujeres se ven atrapadas en relaciones que no van a ninguna parte. El malentendido es el siguiente: el hecho de que se encuentren en el mismo camino, no significa que vayan en la misma dirección o se dirijan al mismo destino en la vida. Solía ser que la mujer estaba en ello para el largo plazo; ella está en la interestatal, mientras que un tipo puede estar en la carretera hasta que llega a la siguiente salida o dos. Cuando ella mira a su alrededor, él se ha ido y ella luego recoge al siguiente en el camino. Ella está un poco más avanzada en su viaje y un poco desdeñosa cada vez que recoge a otro viajero.

Esto es un gran malentendido. Estos no deberían luchar en absoluto, sino humillarse por y para una llamada mayor; ayudar a animar, fortificar y ayudar a formar a este hombre para la grandeza. Ayudar según la voluntad de Dios y al cumplimiento del propósito y destino divino. La mayoría de nosotros vivimos para nuestro tiempo en la tierra sin la comprensión de la imagen más grande, que es la vida eterna.

Estamos sembrando semillas aquí para una mayor cosecha allí. El amor de una madre y de una esposa son dos amores muy distintos; uno totalmente diferente del otro. El amor fue hecho a la medida de las dos, y nunca fue destinado a ser el mismo amor. El amor nunca está destinado a comprometerse, sino a entregarse al máximo, porque son dos tipos de amor completamente diferentes, pero singularmente compartidos.

Piénsalo por un momento. Desde los comienzos de Adán y Eva, cuando estaban en el Jardín del Edén, hasta los humildes comienzos de un niño que nace en un pequeño pueblo de Belén. El nacimiento de esta virgen cambió la vida tal y como la conocemos para siempre, y volvió a empezar el tiempo desde el año B.C. hasta el año A.D. hasta el presente, desde sus días en la tierra. ¿Qué año es este, o cómo lo llamamos? En realidad, dar a luz a la grandeza es una parte común de su propia existencia. Piensa en todos los grandes líderes y cambiadores de vida, ya sean buenos o malos, pequeños o grandes; ¡vinieron a través de una mujer!

¿Qué hay de la mujer que ha renunciado al amor debido a sus heridas y decepciones del pasado? Es un blanco fácil para los chulos, los estafadores y los timadores. Es fácil utilizarla, manipularla y controlarla. Por lo general, el agresor busca este tipo de mujer. Es hábil y está entrenado para satisfacer sus inseguridades sin parecer que se da cuenta de que ella es insegura.

A menudo es persistente y parece amable y excesivamente comprensivo. Esto hará que una mujer inexperta baje la guardia y le permita entrar en su vida. Le dará cosas al principio como cebo para conquistarla. La mayoría de las veces, lo que tiene fue adquirido de otras mujeres. Algunas mujeres pueden ser iguales, pero si es así, es debido a las heridas pasadas causadas por un hombre.

¡Todo ser humano está aquí porque una mujer en algún

lugar dio su vida para dar vida! El hombre tiene la semilla y necesita ser plantada para dar vida, porque la vida depende de la mujer y donde se planta esa semilla entonces produce vida.

¿Quién más da forma y moldea el curso de la historia y su grandeza? Ya sea en los confines de una pequeña casa cocinando la cena o bañando a sus hijos mientras los prepara para ir a la cama o al escenario mundial. Quizás incluso enviando a los niños a la escuela, ayudándoles con los deberes, mientras tiene dos o tres trabajos para llegar a fin de mes. Estas son las muchas facetas naturales de la mujer. Desde el trabajo hasta el juego, es una fuerza a tener en cuenta.

Desde el principio de su vida se enfrenta a muchos retos, a veces inimaginables. Guarda muchos secretos que no se atreve a compartir. Por mucho que dé, retiene muchas cosas por miedo a ser juzgada o mal vista. Algunas de sus experiencias han sido tan vergonzosas que nunca se lo contaría a nadie. Por muy cerca que creas estar de ella y por mucho que creas saber de ella, sigue guardando cosas en su mente y en su corazón como un lugar seguro.

Ella da mucho de sí misma, y al hacerlo guarda el potencial o la grandeza en sus brazos. Sin importar si se alimenta con leche de sus propios pechos, se entrega por el bien de muchos otros. Ella representa la naturaleza de Dios de muchas maneras. Ella es nutritiva por naturaleza, ya sea el próximo presidente o un asesino en masa, su amor, en su mayor parte es incondicional.

Mira a los hombres de éxito a lo largo de los años y cuando es el momento de dar las gracias, el reconocimiento o el honor lo primero, no importa la edad del varón, oirás: "Hola mamá o gracias mamá, te quiero mamá". No importa lo que el padre haya aportado y proveído, no importa. Su propia naturaleza y o espíritu está llegando a la madre desde dentro.

Es por eso que la mayoría de los hombres que no han tenido una relación o han tenido una mala relación con su madre, ¡están por debajo de sus posibilidades! La mujer es la criatura más poderosa hasta la fecha en este mundo actual.

Pero ahora, debe ser escuchada alto y claro a través de su propia voz. Hay que sacarla a la luz para ayudar a arreglar este problema que tiene el mundo. Van a hacer falta todas las mujeres del mundo para arreglar los problemas que tenemos. Tiene que ser un esfuerzo global. ¡La serpiente apuntó a la mujer desde el principio y ella será escuchada al final! Si los que se oponen al mal no le dan una plataforma para ser escuchada, la serpiente seguramente lo hará. Cuando la iglesia le dijo que se callara, ¡el mundo le dio un cuerno!

¿Debemos nosotros, que decimos ser los líderes de Dios, darle el derecho de ser escuchada, ya que en las escrituras, vemos como el enemigo la odia? Debemos enseñarle y protegerla. No la controlamos, sino que la ayudamos como luces de guía en este mundo oscuro. Nuevamente, no estoy dando poder a la serpiente en la mujer, sino al Dios en ella; hay una diferencia. Cuando una mujer está trabajando fielmente para traer el bien a cualquier situación, debe ser escuchada, apoyada y confiada. ¿Somos hipócritas, tenemos miedo al cambio? La utilizaremos para el mal, pero necesitamos su aportación para el bien, la necesitamos para el cambio. La tierra la escuchará; la Palabra de Dios lo dice. "Y la tierra ayudó a la mujer y se tragó el diluvio que envió la serpiente para llevarse a la mujer". Todas las creaciones están sufriendo, esperando que la mujer se revele. La mujer está trabajando horas extras en su apariencia externa, y no invierte mucho en el corazón. ¡Ella no puede cumplir su propósito cargando con todo ese daño y dolor! La estamos alentando a ser vanidosa; "¡un caramelo para los ojos!".

¡Pero ella es más que eso! Tal vez somos parcialmente responsables al negarle una voz. Ella tiene que ser escuchada de una manera u otra. Así es ella, y tenemos que dedicar más tiempo a conocerla. Por el dolor y la herida, muchos recurren al extremo, donde pueden expresarse; ¡el club de striptease! Este es un lugar donde ella puede ser escuchada. Ella controla esta casa y es adorada. Se viste y luego se desnuda, y se tira dinero en el escenario mientras ella baila. Cuanto más se quita, más dinero se pone a sus pies. Esta es una de sus voces. Muchas de estas mujeres son víctimas de abusos sexuales. Muchas han sido abusadas o violadas. ¿A quién puede acudir para contar su verdadera historia? Algunas recuperarán el poder de los que le quitaron la voz (el cuerpo). Ya que no escucharas lo que tengo que decir, entonces veras cómo puedo atrapar a mi presa!¡Ella sabe cómo conseguir su presa! Muchos están amargados y enojados. Muchos vienen de la iglesia y otros lugares dónde no fueron escuchados. No digo todos, pero muchos son lo que llaman "reincidentes". He conocido a unos cuantos en mi época. Muchos han dicho que no ven mucha diferencia entre cómo consiguen su dinero y cómo consigue el suyo un predicador descarriado. Es un espíritu seductor. Tenemos que reconocer este espíritu. Si un predicador está obteniendo dinero de la misma manera que una stripper, entonces es un espíritu seductor. Los dos están vendiendo algo que saben que no pueden entregar. Legalmente, una "bailarina exótica" debe obtener una licencia para bailar. Ella entiende que no tiene licencia para vender sexo. Las bailarinas exóticas venden fantasías y se les paga bien por ello. Cuanto mejor pintan la imagen, más les pagan. El dinero comienza a acumularse si ella es una buena contadora de historias con su cuerpo.

El diablo pone tanta atención en su cuerpo que la mayoría pasa por alto su mente. Una mujer educada que también es una mujer de Dios significa que no será utilizada para la maldad y el mal. Hay muchas mujeres que se han alejado o han perdido sus trabajos porque no se inclinan ante el mundo y la iglesia. Definitivamente no estoy hablando de rebelión. "La rebelión es como la brujería".

Veremos al final que la mujer será restaurada a su legítimo lugar de realeza y justicia. El mundo no se recuperará hasta que ella se arrepienta y vuelva a su Dios, que la ama y la creó desde ese amor. El amor es su poder y majestad, no el odio o la lujuria.

Mira hasta dónde ha llegado la mujer en todos los géneros e industrias en solo una hora (de 1960 a 2020; 60 años). Dios llama a 60 años una hora en el libro de Apocalipsis. Ella ha progresado más y ha logrado más que el principio de los tiempos. No importa que esté oprimida. Esta es su temporada y su tiempo para ser reivindicada. Los cielos se hacen eco de sus victorias.

Asegúrate de ser María teniendo corderos y Jezabel pariendo cabras. Las ovejas siguen y las cabras se rebelan. Dios estará contigo para el bien. Para hacer de este mundo un lugar mejor, permite que Dios te use. Después de todo, Él es quien te creó. Satanás quiere usarte y burlarse de ti, así como de tu semilla. Si te mantienes asociado con Dios no solo serás ungido, sino que el mundo verá la gloria de Dios en tu vida para ser el solucionador de problemas en lugar del problema.

Nos guste o no... ¡el mundo está cambiando y ha cambiado! Dios está llamando a la mujer no a ser mandona sino a ser jefa. Este es tu momento para mostrar al universo que recuerdas quién eres y que eres la sustituta elegida. Era tan necesario entonces y ahora para tu desvelamiento. Por todos los medios no seas socia de tu enemigo sino de tu Dios que te creó.

¡Qué Dios bendiga a la Mujer!

Capítulo 10: ¿Quién soy?

"Estas cosas deben llegar al pasado, pero reza por tu viaje".

¿Qué significa esta pregunta? Significa simplemente que en el cielo y en la eternidad ciertas cosas habían tenido lugar o estaban ocultas en un corazón y debían ser expuestas en un reino donde pudieran ser aniquiladas. Un pensamiento es un pensamiento, pero cuando se medita en él, se transfiere al corazón. La iniquidad se encontró en el corazón de Lucifer; el mal y el bien tendrán que ser expuestos. Es como la cirugía; puede doler por un tiempo, pero el objetivo final es salvar tu vida, así que cortamos para salvar, no para destruir. Dios está diciendo: "Sé que dolerá, pero tenemos que llegar al fondo de esto". En el cielo había muchas maquinaciones y conspiraciones a espaldas de Dios: *hipócritas.* Fingiendo que amaban a Dios cuando, en realidad, amaban todos los regalos y las cosas más que a Dios. Estaban dispuestos a hacer lo que fuera para tener el poder, la gloria y el control, ¡incluso si eso significaba matar a Dios! Hubo tantos planes que fueron interrumpidos, ¡es increíble!

¿Quién puede conocer el corazón sino Dios? Al igual que en la película *Matrix*, si alguien muere estaría muerto de verdad. Si Lucifer hubiera matado a Dios en la eternidad, entonces Dios habría estado muerto de verdad, ¡para siempre! Ahora imagina a Lucifer como el Dios de todos los dioses. Ese mal en el mundo fue realmente el plan de Lucifer fuera del plan de Dios. Realmente creía tener un sistema y una forma de vida mejor que la de Dios, pero le faltaba la perspicacia, la visión, la educación y la experiencia para pensarlo por encima de su nivel. Ahora, él es inteligente y no es tonto, pero la creación y organización del universo está definitivamente fuera de su liga. A decir verdad, ni siquiera Lucifer sabía que iba a salir tan mal. Toda la maldad, las guerras, la muerte y la miseria son el resultado de un plan egoísta del diablo sin pensarlo ni verlo con responsabilidad o inteligencia. Esta es una lección eterna que todavía estamos aprendiendo en el tiempo; escucha a alguien que, tiene la experiencia y ha estado donde estás tratando de ir. Pero como estaba en el corazón de Lucifer, Dios no puede ignorar lo que ve. Ahora es responsable de su liberación, y de deshacerse de él, como un escuadrón de bombas. Dios lo sacó del cielo para permitir la explosión y la exposición de su plan. Dios no lo juzgaría por presciencia; esto no sería justo. Pero por la seguridad de toda la vida, debe seguir su curso. El argumento de

Lucifer podría haber sido: "Sí, lo he pensado, pero nunca lo haría". Dios sabía que lo haría y era solo cuestión de tiempo. Así que, en la infinita sabiduría de Dios, Él crea un módulo de tiempo y arroja a los terroristas en él. ¡Satán es nuestro primer terrorista! Satanás de nuevo es el "ultra-ego" de Lucifer. Lucifer es el políticamente correcto mientras que Satanás es el salvaje, despiadado, abiertamente frío, contundente, oscuro y malvado. Satanás es el rata de barrio, el gánster, el matón callejero, el violador y el asesino frío y oscuro. Lucifer es fresco, con clase, sofisticado, carismático, encantador, educado, paciente, tranquilo y seductor. Tiene buen aspecto y es fácil de ver, pero es más letal que su ultra-ego. Mata a las masas con el engaño del encanto y la seducción. Por desgracia, hay algunas personas inocentes que no tienen nada que ver con esto, pero han sido infectados por el engaño de Lucifer. Dios tiene que tener un plan para aquellos que son inocentes y declara la diferencia entre todos aquellos que son débiles o malvados: ovejas o cabras. Los débiles pueden hacerse fuertes y pertenecer a Dios, mientras que, por otro lado, no importa lo que pase, los malvados nunca se apartarán de sus malos caminos; pertenecen a Satanás. Los fuertes, al destruir la esperanza y la vida, son propiedad de Satanás. Las ovejas pertenecen a Cristo y las cabras a Lucifer. Estos tienen dos naturalezas y características muy distintas. Lucifer utiliza a la mujer porque sabe que ella es la posesión más preciada de Dios y su mayor agente. Recuerda que la vio como su reemplazo mientras caía. La mujer no es una broma, pero el problema es que ella no conoce su valor. Ella fue creada como la realeza, gobernante del oro; no tuvo que cavar para conseguirlo. La riqueza que Lucifer tenía en el cielo provenía de su reino de Dios. Lucifer está por debajo de ella, pero ella no conoce su valor. Satanás la alcahuetea, a veces como una puta que camina por las calles o a través de Lucifer en el mundo corporativo. ¿Y en el gobierno? Sin embargo, esto se hace sin que ella sepa quién es y de quién es; se quemará. Lucifer/Satanás no puede hacer el trabajo de destruir el mundo sin la mujer. Mujeres, háganse estas preguntas: "¿Quién soy y cuál es mi valor?"

¿Cuál es mi papel en el cine o en la música? ¿Y el papel en los vídeos musicales, o el tema en una canción, o el papel en la educación? ¿Soy una voz que se escucha o se toma en serio en el hogar? ¿Qué pasa con el matrimonio? ¿Y el divorcio? ¿Qué papel tienes en todo esto? ¿En cuántos clubes de striptease estás? ¿Cuál es tu papel? ¿De cuántos eres dueño? ¿Cuántas mujeres venden su cuerpo y recogen la cosecha? ¿Por qué las mujeres engañan a los hombres casados y luego cuando se casan esperan tener un marido fiel? ¿Por qué las mujeres solteras y casadas se acuestan con hombres casados? ¿Por qué las mujeres gastan su dinero y apoyan a la industria musical que las degrada y las llama por su nombre? ¿No es esto enfermizo? Piénsalo. ¿Se vendería la música si todas las mujeres del mundo exigieran respeto y un cambio? Les puedo decir esto, un hombre no es y no escuchará una canción con un grupo de hombres hablando de sus coches, casas, hielo, ropa y bebidas sin *mujeres*; esto es seguro. ¡Despierten, señoras, despierten! Dios te creó para su gloria y no para las tonterías de Satanás. Él te creó para destruir las obras de Satanás, no para construirlas. Satanás es tu enemigo y te está usando para construir su reino y hacer que luches y compitas entre ti. Tú eres el más grande y necesitas saberlo; ten confianza, no seas arrogante, úsate siempre para el plan y la gloria de Dios y quédate en paz con ello. Sal de la depresión por alguien que no conoce tu valor; conoce tu propio valor.

¿Alguna vez has tenido un buen hombre que te dio todo cuando sabías que no lo merecías, y un día te reveló tus infidelidades, te echó y te reemplazó? Bueno, este es el dolor que Lucifer no puede superar. Amiga, él te odia. Se puso celoso de la mujer y fue reemplazado por ella. Esto dio a luz una nueva característica que salió de él. Tenía un secreto y fue expuesto. Pensó que era insustituible y descubrió que era mentira. Deseó parecerse a ella y trabajar como ella; deseó ser ella. Cayó de un dios a un perro, ¡Dios al revés! Si escuchas cuando alguien lo dice, oirás su origen, "¡Lucifer el caído!" Él la envidió todo desde el momento en que la vio. Así que déjame desafiarte con esta pregunta, ¿quién te está llamando perro? Respuesta; ¡Lucifer, Satanás y el Diablo! Mujeres no dejen que las "P" las confundan. Lucifer era un dios en el cielo, que se convirtió en el "p***o" que fue arrojado a la tierra, que se convirtió en la "carga", que solía ser "bendita". Así que no aceptes que nadie te llame "P" si no quiere decir "bendito". El Ángel le dijo a María: "¡Todas las naciones del mundo te llamarán bienaventurada!". Mujeres, ¡es hora de saber quiénes son! Él está usando cualquier recipiente y persona que pueda usar, cualquier persona a través de la cual puedan hablar, cualquier cosa a través de la cual puedan expresarse, como un hombre, una mujer, un amigo, un enemigo, una novia, un novio, un esposo, una esposa, un padre, una madre, un hermano, una hermana, un primo, un tío, una tía, un jefe, un compañero de trabajo, un compañero de clase, un compañero de habitación, un ex compañero, un preso, la radio, la televisión, la música, y los medios digitales y sociales, ¡entiende la imagen, cualquier cosa y cualquier persona que puedan utilizar para conseguir el punto de vista! ¡No los apoyes y Dios sabe que no debes estar de acuerdo con ellos!

Este es su engaño y a veces es muy sutil. Recuerda esta

palabra, sutil. Cuando la serpiente estaba con Eva en el Jardín del Edén, era *sutil*. Era "delicadamente complejo, especialmente de un cambio o distinción, tan delicado o preciso como para ser difícil de analizar o describir". ¡Tu enemigo es bueno en esto! Cuando la serpiente habló con Eva, le hizo sentir y pensar que le faltaba algo o que necesitaba algo. Le propuso que si comía de este árbol, sería como Dios. Ella ya era como Dios, pero no sabía quién era. La mujer creada por el Dios Altísimo como Reina y necesita saber esto; "¡No eres el perro de nadie!" La mayoría de las personas usadas por el Diablo se facilitan la palabra, especialmente si no son desafiadas. Esto sugiere que está bien y que continuarán usándola de manera consistente. Este diablo es tan audaz por el apoyo de la mujer (cuando no dice nada o no hace nada, entonces está apoyando). La degrada abierta y públicamente, incluso en las letras de la música y tú eres su mayor venta. ¿Por qué una mujer, cualquier mujer, escucharía una canción que la llama por su nombre y la degrada? Entiende esto, ella está en el video al lado del recipiente a través del cual el Diablo está hablando, enviando su mensaje al mundo con su asistencia como una muestra visual de acuerdo y ella está bajo su hechizo ayudándole a construir su reino, destruyendo las vidas de las jóvenes, que un día serán mujeres. ¡Bienes dañados por su culpa!

¡*Despierta*! ¿Cómo crees que se siente Dios (sí, Dios tiene sentimientos) ante el hecho de que llamen perra a su hija, la reina, ¿la princesa? ¡Esto es una falta de respeto total y los que lo hacen sin arrepentimiento responderán un día ante el Rey! Uno podría preguntarse, ¿quién trataría así a la mujer, que es una potencial madre, esposa, hija, hermana, tía, prima y amiga? ¡Su enemigo! ¿Sabes por qué? ¡Porque te odia! ¡El usará a cualquiera, a cualquier persona y a cualquier cosa para conseguir ese punto a través de ti y del mundo entero!

¡Algunos, por supuesto, lo usarán con ira y fuerza! El Diablo está diciendo: "Seguiré llamándote perro hasta que lo creas; seguiré llamándote perro hasta que estés de acuerdo conmigo. Incluso te haré creer que es lindo aceptarlo". Es genial... ¡es la jerga del hip-hop!

Cuando Dios te creó, te hizo un "dios" y la serpiente le dio la vuelta a eso en el jardín y te hizo un "perro". Satanás consiguió que el mundo fuera al revés y tiene a la mujer pensando que eso es lo bueno. Debes saber que no es Dios quien te llama perro después de la disponibilidad de la salvación. Podemos haber sido un perro después de la caída del hombre, pero después de la obra del Calvario, la reconciliación y la restauración de la humanidad, ya no tenemos que ser el perro de nadie. El giro de Lucifer en esto es: "¡No sabes quién eres y te odio, simplemente porque Dios te ama! Todas las mujeres están en mi lista negra". Dios te ha dado el *poder* y la *gloria* para dirigir este mundo. También te ha bendecido para construir Su reino. Mujeres, ustedes deben trabajar juntas y no unas contra otras. "Nunca permitiré que trabajen juntas", les está diciendo su enemigo. Los ángeles en el cielo trabajaban en "Legiones" lo que significa; muchos trabajando juntos como uno, ¡generalmente cerca de 6,000 ángeles!

Legión no es un mal nombre o incluso un nombre demoníaco, sino un método del reino de enviar una unidad para hacer el trabajo, sin tener división; el estado de ser de una sola mente. Hubo legiones de ángeles que estaban unidos a Dios y también hubo ángeles que estaban unidos a Lucifer. Así que hubo un sinnúmero de ángeles arrojados a la tierra y decidieron trabajar juntos como legiones. Lucifer fue lo suficientemente sabio como para no abandonar este método y sistema de trabajo, ya que ha demostrado ser el más eficaz para realizar el trabajo. Aunque sea malvado, el principio para lograr resultados exitosos sigue siendo el mismo. Trabajar de acuerdo es un principio piadoso. Una legión trabaja de acuerdo en todo momento para completar una tarea. Este fue su entrenamiento y habilidades como ángeles. Ellos conocen el poder del acuerdo. Nosotros como parejas casadas, familia, iglesia, comunidad, gobierno, y una nación realmente podríamos aprender de la *legión*. Es por eso que el Diablo consigue mucho más que la iglesia y la religión; porque estamos distraídos y divididos por las cosas más simples. Las creencias religiosas, las religiones, las tradiciones, incluso las denominaciones, son solo tonterías y Satanás se está descojonando y no le importa que nos reunamos con tal de que no estemos de acuerdo.

"Quedaos en esas paredes mientras yo tenga las calles, la industria, el entretenimiento, las corporaciones, los negocios, vuestras familias y todo lo que amáis y deseáis. Cuando sepa quién soy como mujer, entonces y solo entonces nadie podrá faltarme al respeto ni impedirme reinar". Te han mentido durante demasiado tiempo. Al final, ¿a quién crees que utilizará Dios para sanar el mundo? *"Comenzó conmigo y restauraré lo que estaba roto después de sanar mi ruptura al no derribar a mis hermanas. Ahora puedo verme y saber quién soy"*.

Capítulo 11: Bienes dañados

¿Por qué se odia tanto a la mujer? ¿De dónde viene el odio? Una mujer joven y guapa es soltera y vive con su madre, que también es soltera. Es una bonita tarde de sol y ella sale a tomar el aire. Es joven y acaba de terminar el instituto. Tiene toda la vida por delante, sea lo que sea. Ve a un hombre, muy guapo y un poco mayor que ella, pero siente curiosidad e intriga. Tiene un coche, un coche muy bonito. Definitivamente es un buen partido, piensa ella. Se hace notar. Él se fija en ella y empieza a hablar. "¿Quieres que te lleve?" Ella está emocionada, pero se hace la interesante, porque no quiere que él piense que está desesperada. Charlan un poco y comen algo; se lo pasan bien. Está entusiasmada con el tiempo que pasa con este hombre. La hace sentir como una mujer. Él vuelve a aparecer y ella está realmente emocionada de verlo; esta vez no finge. Cuando salen esta vez, ella siente que es el momento; una mujer lo sabe, no se puede explicar. El tipo está listo y se queda con esta "cosa joven y bonita", pero se olvidó de un pequeño detalle. Ahora él está cumpliendo con la lujuria y ella está dando amor, al menos eso es lo que ella piensa. Ella es demasiado joven para saber lo que es el amor, ¿cómo podría saberlo? No fue criada por su padre. En estas dos dinámicas diferentes es donde reside el potencial de daño y destrucción. Siguen viéndose sin saber qué es desde dos perspectivas diferentes. Pero a estas alturas, ¿a quién le importa? Está a punto de caer; uno tiene mucha experiencia y el otro está entrando en sí mismo y está nervioso. Ella solo quiere complacerlo más que ser complacida, pero no puede evitar preguntarse: "¿Le gustará?

¿Soy lo suficientemente buena?". Pronto se convertirá en una estadística muy aceptada en su comunidad. Poco después, descubre que está embarazada y que solo tiene dieciocho años. Ahora tiene que darle la noticia al chico primero y a su madre después. Ella le da la noticia y él le dice que está casado y que ya tiene un hijo; no puede estar con ella así. A ella se le rompe el corazón y los sueños. Ella piensa, ¿cómo pudo algo que se sentía tan bien, volverse tan rápido y doler tanto? Ahora otra joven tiene que cargar con el peso de ser madre antes de poder poner su propia vida en movimiento y en marcha. Ahora el mismo hombre que le trajo alegría y emoción es ahora su mayor angustia; el sueño se está convirtiendo en una pesadilla. La pesadilla es conocida, pero es nueva para ella. La historia es vieja, pero interpretada para un nuevo público. La historia se repite, pero nos han enseñado a ocultar nuestros defectos y caídas porque lo vemos como una vergüenza. Por lo tanto, no compartimos nuestras experiencias porque simplemente queremos ser aceptados, amados y respetados. Así que el miedo se utiliza para guiarnos hacia el silencio; para ocultar los oscuros secretos de nuestro pasado. En serio, ¿quién quiere que su pasado aparezca en su futuro después de haber crecido, tratando de encontrar su camino en la vida, especialmente ahora, si tiene un cónyuge y una familia? "Vete", le decimos a nuestro pasado porque no nos hace quedar bien. ¿Y si nuestros hijos supieran lo débiles o estúpidos que hemos sido en nuestro pasado, nos respetarían entonces? Estos pensamientos han creado prisiones mentales para mucha gente, especialmente para las mujeres; un infierno, casi a diario. Algunos siguen adelante con lo contrario de sus experiencias; otros se vuelven excesivamente protectores y los niños no saben por qué. Algunos viven con fobias y rabia, desarrollando problemas de confianza. Entonces los niños, por desesperación, suelen utilizar comparaciones de una amiga o de la madre de otra persona y ver la libertad que vive ese niño. Es curioso que todos seamos diferentes pero iguales de alguna manera debido a nuestras experiencias de vida. Esto es espiritual y no tiene límites ni fronteras. La mayoría de las veces, sin saberlo, dejamos a la próxima víctima abierta para el juego sucio. No buscando causar problemas en la vida de este tipo, intenta seguir adelante con la ayuda de su madre. Ahora la gran pregunta, ¿cómo manejamos este problema? ¿Hay que interrumpir el embarazo? Por supuesto que es una opción considerada; por qué, ¡el hombre no quiere el bebé! Después de mucho dolor, dolor y consideración, otra mujer joven y soltera toma la decisión desinteresada de compasión por una vida indefensa no nacida: quedarse con el bebé. Esta decisión la acompañará el resto de su vida. Ahora debe convertirse en una mujer y, en última instancia, en una madre. Debe encontrar trabajo para mantener a su hijo, una niña. Trabajando ahora como madre soltera, se enfrenta a los retos de no poder ganar el dinero necesario con un diploma de secundaria. Es ingenua y no tiene idea de que este es un viejo problema que le ocurre a una nueva víctima. La joven y nueva mamá tiene que dejar de lado sus sueños de ir a la universidad, al menos por ahora, pero ¿quién sabe? El padre del bebé definitivamente no puede permitirse tratar con ella porque está tratando de mantener su matrimonio. Trabajando para mantener, la joven madre se enfrenta al reto de hacer una vida para ella y su bebé. Más tarde, conoce a un tipo que parece ser una buena perspectiva de futuro para ella y su hijo. Finalmente se casa y parece que puede dar a su hijo una oportunidad justa de tener una vida bastante normal. Quizá pueda poner fin a este círculo vicioso de madres solteras con hijos sin padre; está dando una oportunidad a su hijo. Como en cualquier matrimonio, empiezan a surgir algunos problemas. La mujer, convertida en madre y esposa, se enfrenta al reto de trabajar muchas horas hasta la noche. Al marido le apetece ver la televisión, beber alcohol y un poco de hierba, pero su mujer no está en casa. Decide tocar a su bebé de forma inapropiada. La idea de que alguien en quien confías viole a tu bebé es atroz. Ya es bastante duro intentar llegar a fin de mes y hacer innumerables sacrificios.

Para colmo, muchas veces la madre no se entera durante años; ¡a veces nunca! La violación de este pobre bebé se convertirá en un nuevo hábito formado. Se prolongará durante años y el niño crecerá confundido y disfuncional, pero piensa que es normal; todo el mundo tiene problemas, ¿no? Desde el punto de vista del niño, aunque sospeche que hay algo malo, no puede poner el dedo en la llaga. Desde que el niño tiene memoria hasta los años actuales de edad escolar, ésta ha sido su vida. A medida que crece, se hace más difícil vivir con ello, pero ¿a quién se lo cuenta y es su culpa?

Así que la saga continúa; la madre trabaja tanto que lo único que quiere es cuidar de su familia, sobrevivir, tener un poco de paz y descansar. Mientras tanto, el marido ni siquiera intenta contribuir al hogar, sino que está en casa bebiendo y viendo la televisión como rutina diaria. Cuando la hija vuelve a casa del colegio, tiene que encontrar la manera de pasar cada vez menos tiempo en la casa cerca de su padrastro. Tal vez no lo vea y no lo piense, pero poco sabe ella que esto es mucho más grande que el hecho de que él la desee o tenga un fetiche.

¿Qué le impulsa o cuál es su objetivo aquí? Porque seguramente, no puede verla como su mujer, ¿o sí? Ahora está mostrando signos de obsesión e incluso de celos. Ella es una niña, ¿no? Esto es demasiado para ella a su edad. Ni siquiera puede estar con sus amigos sin que él la llame a casa o encuentre razones para alejarla de ellos. La quiere para él solo, sobre todo cuando su madre está en el trabajo; cualquier oportunidad que encuentre. Tiene miedo de bañarse o de ir al baño por temor a que él la espíe. No puede evitar preguntarse si esto le ocurriría si fuera su hija biológica. Se ha vuelto más madura o adulta que la media de las personas, aunque tiene problemas. Está resentida, enfadada y llena de emociones encontradas. Solo quiere tener una vida normal. No sabe si eso es posible. Está rodeada de caos y de abusos físicos y verbales; es lo normal. ¿Tendrá alguna vez paz?

Se enfrenta a un nuevo temor: tiene la regla. Está entrando en la etapa de mujer y este monstruo sigue en su vida. En este punto, comienzan los conflictos porque no quiere estar en la casa sin que su madre esté allí. Siente que ella es el problema porque él la describe como irrespetuosa. A su madre también le parece que ella es el problema. Ella se mantiene firme pero no sabe el resultado. Lo único que sabe es que no quiere el bebé. Es demasiado joven para todo esto. ¿Qué otra cosa podría hacer? ¿Tal vez si se consigue un novio? Está muy confundida.

A medida que crece, tiene pensamientos confusos y preguntas sin respuesta en su mente. ¿Cuándo empezó todo esto y cómo se vio atrapada en este lío? ¿Por qué siente que ha hecho algo malo? Esta situación en la que se encuentra la ha hecho crecer demasiado rápido; tenía que sobrevivir. Tiene doce años y nunca ha dormido bien.

Él la trata como si fuera su hombre en lugar de su padre. Se siente manipulada y controlada y no lo va a permitir. Mi madre y yo estamos pasando, porque ya no quiero hacer esto, pero ¿cómo puedo ponerle fin? A la edad de doce años tengo que tratar de poner esto en perspectiva de cómo he jugado un papel en esto, ¿tengo la culpa aquí... simplemente no es correcto? ¿Cómo pudo un hombre hacerle esto a un niño inocente? Todo lo que el niño quería era ser amado de la manera correcta. Lo que es triste es, ¿cómo puede esta alma dañada saber lo que es el amor ahora? ¿Lo reconocerá cuando llegue? De todos modos, ¿qué aspecto tiene el amor? ¿Tal vez nunca llegue? El odio que el enemigo tiene por la mujer es real, es espiritual y continuará manifestándose en y a través de algo mientras la tierra y la vida permanezcan hasta el día del Juicio. Desde el principio, esta guerra fue iniciada por la que ella sustituyó. Ella no sabía nada de los arreglos previos de la posición que fue llamada a ocupar. Simplemente abrió los ojos un día y allí estaba, disfrutando de la vida y de repente se interrumpió con el odio y la guerra. No tenemos ningún control sobre la raza o el país en el que nacemos; somos lo que Dios ha previsto que seamos. Nacemos con una vocación, sin importar la raza, la nacionalidad, la situación económica o la religión. Todos somos contribuyentes a esta vida, ya sea buena o mala. Todas las mujeres son un objetivo para el odio y los crímenes de odio. Todo lo que tu enemigo puede ver cuando te mira es que eres la que ocupó su lugar y que eres la razón por la que no puede ser el favorito en la vida de Dios. Confía en esto, él está aprendiendo de ti todo el tiempo odiándote. La mujer está coronada por la gloria de Dios. Si ella se atreve a someterse a Aquel que la creó para Su propósito, en lugar de escuchar las mentiras y engaños de su enemigo, entonces ella será la vencedora y no la víctima. Ella puede hacer todas las cosas y todas las cosas son posibles, si solo cree. A propósito, las mujeres nacen en situaciones diversas con dinámicas de vida y experiencias. Cada mujer está equipada con algo que otra mujer necesita.

Dios es justo, incluso cuando las cosas no parecen justas. Dado que la posesión más preciada de Dios se convirtió en un objetivo de odio, a su vez se le dará su día de venganza. Un día la mujer será capaz de ver literalmente cada complot y esquema, incluso las personas que fueron utilizadas por Satanás trabajando contra ella en su vida mortal en la tierra. Ella vera como a veces, el uso de miembros de la familia y las relaciones para tratar de destruir su destino y propósito. Él usa una cara o una persona en la que confías, solo para descubrir, que eran agentes dobles, trabajando contra ti para el diablo. Solo porque compartamos el mismo vientre, no significa necesariamente que seamos familia. A veces naceremos con nuestros adversarios, pero nuestro trabajo es amarlos de todos modos. Habrá veces que tendrás que correr por tu vida para no violar nada con Dios. Cuando descubras que están trabajando en contra de ti y de tu propósito dado por Dios, entonces vete. No importa quiénes sean. Si ellos son el enemigo de lo que Dios te ha llamado, entonces ellos están trabajando para Satanás. Muchas mujeres han sido dañadas, pero siguen siendo buenas.

Cece Winans, una de las vasijas más amorosas, ungidas y sinceras del milenio, lo presta todo a "Alabaster Box". Escrita por Janice Sjostan, es definitivamente de inspiración divina. El cielo bajó para compartir esta historia en los tiempos modernos a través de la letra y la música. Tiene que ser una de las mejores representaciones de una mujer que fue vista por la mayoría como la peor clase de pecadora (si es que existe tal cosa), perdida sin esperanza, rechazada y despreciada. Sin embargo, se abrió camino a través de la peor clase de odio hasta la mayor demostración de perdón, curación, restauración y amor a través de Jesús (Lucas 7-37-50).

Capítulo 12: 80/20

Me llaman "20".

Se suponía que estaba con los 80, pero la verdad es que nunca formé parte del club del 100%. ¿De dónde vengo y a dónde pertenezco? Fui concebido por la lujuria; mis padres se unieron por defecto. Ambos buscaban algo para llenar un vacío. Eran tramposos, infieles. No se podía confiar en ellos; les faltaba algo. No se suponía que yo estuviera aquí, pero de alguna manera, estoy en medio de este lío; y mientras estaban al acecho, ellos egoístamente me hicieron y ni siquiera me aman, ¡porque se deseaban mutuamente! Mi padre estaba casado y enamorado, por supuesto esto fue antes de que yo naciera. Él buscaba un 20, porque su mujer se distrajo con alguien o algo y dejó de ser 100 por ciento para él. Yo soy el 20 por ciento que encontró mientras intentaba llenar ese vacío, ese porcentaje de (cosa) que le faltaba. Soy odiado y no he hecho nada a nadie, ¡solo he aparecido! Ella ya no se ocupaba de él como cuando empezaron a salir. Ella cambió... así que esto es lo que él dice. Fui concebida por una aventura... él me engañó; espera,¿o fue mi madre la que me engañó? ¡Estoy confundido!

Esto sí lo sé; soy un "bastardo". Nadie me quiere de verdad y no puedo ir a casa para que me celebren porque hay que guardar el secreto. No hicieron el amor cuando me hicieron a mí, ¡pero tuvieron sexo salvaje, sobre la marcha, irresponsable, sin compromiso, no planificado y sin protección! No soy amado. Les digo la verdad. ¡Me toleran y estoy muy enojada por eso! Creen que no sé cómo he llegado hasta aquí, pero sí lo sé. No lo entiendo del todo, pero cuando tenga la edad suficiente, yo también estaré al acecho... ¿quizás cuando sea una veinteañera madura, encontraré a mi ochenta? Entonces tal vez pueda estar en el club del 100%. Ya veremos. Tal vez pueda tener y ser parte de una verdadera familia algún día... ¿tal vez una propia? Sí... ¡lo haré mejor que ellos! Cuando dos personas están interesadas la una en la otra, están dispuestas a hacer cosas a propósito para ganar la atención de su pareja y satisfacerla.

¡Esto es la caza y la persecución! Existe el deseo de complacer al otro y la voluntad de dedicar tiempo a evaluarse mutuamente. Dependiendo del descubrimiento, esto determinará si de hecho se trata de alguien con quién podrías pasar un tiempo serio. Cuanto más interesado esté, más tiempo estará dispuesto a invertir en la posible relación. En algún momento, alguien determina el siguiente paso. Si el siguiente paso es exitoso, comienza a progresar. Durante este tiempo, se descubren cosas sobre el otro; puntos fuertes y débiles. Normalmente, durante este tiempo, cada uno pone lo mejor de sí mismo y da su mejor juego. Este es el factor determinante, si esta persona es "La Elegida" o una de las elegidas, hasta que se encuentra "Esa". En muchos casos, la honestidad se determina en función de lo desesperada que esté la cita potencial.

Los motivos son muy importantes aquí; esta es la parte más difícil de todo el proceso. Pregunta: ¿estamos en la misma página? No hay manera de determinar esto sin honestidad y transparencia. Algunas mujeres toleran a un hombre o pareja mientras esperan que llegue su verdadero amor (el caballero de la armadura brillante) y a veces quedan atrapadas. El pobre hombre no tiene ni idea; ¡al principio lo toleraba y no lo amaba! Tenía cero planes de quedarse con él. Algunos dicen: "Él creció en mí. Aprendí a quererlo con el tiempo". Muchas veces ni siquiera saben qué es eso; es una persona imaginaria sin defectos ni problemas. Puede ser una imagen de cosas, tiempos y personas buenas creada en la imaginación de una mente infantil mientras crecía o veía la televisión. A veces parece que te has topado con la persona más perfecta. Cuanto más tiempo estén juntos y más tiempo se invierta, saldrán cosas por ambas partes que harán que este viaje sea cuanto menos cuestionable. Si tenemos experiencia, por naturaleza, empezaremos a comparar relaciones anteriores o a alguien que conocemos o con quien hemos estado en contacto; ¿quizá alguien a quien admiramos de lejos? Muchas veces queremos lo que vemos en otra persona. El problema con esto es que solo vemos la parte que se nos permite ver. Demasiadas veces, la gente elige a alguien que está cogido o hablado, porque le gusta lo que ve. Además, otra persona hizo todo el trabajo, ¡solo buscan beneficios! Puede que no sea un acto consciente, pero igual; ¿por qué tratar con un hombre que está casado? Esto es un crimen de odio... ¡mujer contra mujer! Cuando empiezas a comparar, no es un análisis verdadero, porque es una ilusión, no la realidad.

Lo que hace que los reality shows sean tan populares es el interés de la gente en algo real. Así que cuando ven un reality show, les hace sentir parte de lo que está pasando, porque sienten que pueden relacionarse o que están viendo algo que desearían tener. Incluso si el reality show es un montaje, el mero hecho de que te permitan seguir la vida de alguien te hace sentir parte de lo que está ocurriendo. En otras palabras, se nos invita a entrar de frente en la vida privada y los negocios de alguien, ¡viendo los defectos de las estrellas! Tal vez crea la sensación de que:

"Bueno, no soy el único que pasa por cosas, pero se supone que son estrellas y ¡mira por lo que están pasando!". ¿Qué es esa sensación de ver entre bastidores, la vida de personas destacadas que han sido consideradas como súper humanas? ¡Todos queremos relacionarnos con algo real! Cuando finalmente creemos que hemos encontrado a esa persona especial, estamos dispuestos a hacer sacrificios para estar disponibles para ella. Solo la persona puede definir lo que es "especial"; la belleza está en los ojos del que mira. Al enamorarse, harán cualquier cosa por su pareja, si la sienten. Aquí hay algo que toda mujer debe entender, y es "las necesidades de un hombre". El viejo adagio, "el camino al corazón de un hombre es su estómago", no es cierto. Pregúntale a cualquier hombre si eso es cierto, y si es honesto, te dirá que está muy lejos de la verdad. Eso puede haber sido cierto en los días en que había escasez o falta de alimentos; parece la única plausibilidad. Se necesita mucho más que comida para conseguir el corazón de un hombre, y eso es seguro. Ahora podemos comer en cualquier restaurante de su elección o de un amigo y no tendrán su corazón, ¡solo su estómago!

A menos que ese hombre sea de un desierto lejano y no tenga hogar, puede encontrar comida en cualquier lugar. Pero encontrar el amor de su vida y su otra mitad no tiene precio y es su mayor búsqueda. Cuando una mujer tiene el corazón de un hombre, él tolerará muchas cosas no placenteras que puedan venir con la relación. Todos somos adultos aquí, así que vamos, no conseguiste a ese hombre con todo ese drama; le ocultaste estratégicamente esas cosas al principio. Te aseguraste de programar y administrar tu tiempo en torno a su deseo de estar contigo. Esta es la etapa de la caza; persecución y captura. Puede que todas las personas que conozcas no despierten tu interés, pero cuando encuentres a la persona que sí lo haga, lo harás y estarás dispuesta a ir a por todas. Le harás sentir deliberadamente tan especial e importante para ti, que estará dispuesto a cambiar todo en su vida por ti. Así es como se evalúa en qué punto se encuentra la relación y hasta dónde puede llegar. Si le sientes y es algo que realmente quieres, sabes cómo subir la temperatura. Las mujeres están equipadas naturalmente con esta "habilidad". Tú habilidad es lo que está captando su atención y empieza a gravitar hacia ti aún más. No se puede explicar, pero de alguna manera hay un intercambio por la atención que le estás dando en este momento. No importa lo duro que un hombre pretenda ser, su mayor deseo, además de ganar dinero para el estilo de vida que quiera darte, es tu atención y tu amor. Sí, esta es la verdad y esto funcionará en exceso, si él tiene sentimientos potenciales por esa mujer. Si este es el hombre que ella quiere y lo está sintiendo de la manera correcta como un socio potencial, ella está dispuesta a hacer lo que sea necesario para ganar ese hombre. No te dejes engañar por los falsos informes de amigos que dicen que, si fueran ellos, no tolerarían ni aguantarían ciertas cosas.

A puerta cerrada, todo el mundo soporta una parte de la mierda que trae la vida, pero se trata de cómo manejamos esas cosas. La vida consiste en manejar la "mierda" de una forma u otra. Ella lo hace sentir como un rey y el hombre más importante del mundo para ella. Ella tiene este tipo de influencia y poder. Si el hombre realmente la siente y no está jugando y está equipado, entonces él le corresponderá. No importa cuántas cosas tenga la mujer en su vida, ella hará malabares para satisfacer las expectativas del nuevo hombre en su vida. ¡Ella es una vendedora en este momento y está vendiendo esa cosa! En este punto, no hay nada que ella no haga por él y él está dejando todo para estar con ella. Él no está jugando y puede estar volviéndose demasiado dependiente y posesivo con ella. De alguna manera, ella se ha convertido en lo más importante de su vida. Ella se convierte en el centro de su vida, y la mayoría, si no todas, sus decisiones se basan en ella. En este periodo, ella le da sexo y amor de forma sistemática; no se le escapa nada. Vivimos en una sociedad muy diversa y perpleja. Nada es lo que solía ser. Si ella se queda embarazada, todo cambiará y la mayoría de las parejas ni siquiera hablan de ello al principio, sobre todo si no estaba planeado. Además, su cuerpo está experimentando todo tipo de cambios y emociones. Durante este periodo, ella está aprendiendo su cuerpo mientras el niño se desarrolla. Durante este proceso, ella tiene el reto de darle a su hombre la atención y el tiempo que le dedicaba antes, porque tiene muchas cosas que hacer.

Este estadio es muy crucial y necesita ser atendido. La mayoría de las veces es demasiado sensible para tocarla; muchos la dejan sola con la esperanza de que se arregle sola. Hoy en día todo va tan rápido y está tan disponible. En cuanto el hombre empieza a sentirse desatendido, comienza a desviarse y esto es peligroso. Sin la atención de su mujer, se vuelve vulnerable y un blanco fácil para la "infidelidad". Si esta relación no está custodiada por un amor real, y una conciencia de Dios, el engaño es casi inevitable. Nuevamente hablo desde la experiencia y no para todos, pero si para los casos que se pueden relacionar. Mientras está embarazada la mujer está pasando por todo tipo de cambios que no entiende. Su apetito cambia y tiene menos deseo de sexo, al menos para algunas mujeres. En realidad, qué está haciendo su hombre durante este período; porque eso es justo lo que es, un período... todo se ha detenido en el departamento de amor y afecto. Necesitamos ser auténticos para tener una resolución. Él se está volviendo loco, tratando de acomodarse a ella y está fracasando miserablemente. Ahora tiene necesidades y no están siendo satisfechas. Aquí es donde entra en juego la hipocresía, porque normalmente la mujer no quiere hablar de ello o no está dispuesta a hacer nada. Ella está pasando por cambios y con razón. El hombre está a punto de dar un mal paso, si no lo ha hecho ya. Su mujer, que era su "100" es ahora un "80". Está tan desesperado y desprovisto, que cualquier mujer que esté dispuesta a darle un poco de atención o lo que se ha estado perdiendo, tendrá a este hombre, aunque sea por una noche. La realidad es que le falta el 20% que está acostumbrado a recibir de su propia mujer.

Puede que piense: "Solo estaba cachondo y tenía que conseguir algo", pero si fue mejor de lo esperado, volverá a por más. Esta situación puede ser letal debido a la traición. Puede que él no tenga la intención de que sea así, pero cualquier cosa puede suceder cuando esa puerta de la infidelidad y la traición está abierta. Ahora la "pieza secundaria" se acerca más de lo previsto. Esto es un problema, porque su mujer sigue enamorada y está embarazada de él. Ella no está a la deriva, sino que siente alegría esperando la llegada de su nuevo miembro a la familia. El enemigo de la mujer está en la mezcla de las cosas. Su enemigo (serpiente) está hablando con su hombre cada vez que puede. Está poniendo cosas en su oído de forma consistente. La comunicación es vitalmente importante pero ¿quién tiene la sabiduría para saber esto? Mientras alguien en la relación esta persiguiendo los 20 o la parte que falta en su vida, el enemigo tiene un plan mayor que lo que parece faltar. Se trata de la destrucción de la familia y de tener acceso total al bebé no nacido (semilla). Mientras que todos estos elementos parecen tener validez, algo tiene un plan mayor y se trata de destruir la vida y la felicidad, aunque haya empezado buscando solo un buen momento... los "20". Una vez que se rompe la confianza, el mal puede arraigarse, porque se le han concedido derechos sobre las vidas de todas las partes, incluido el bebé no nacido. Lo triste es que esta familia tenía tanto potencial, pero al no vigilarse y cubrirse mutuamente, el enemigo entró como una avalancha. Con tantos problemas y distracciones, es casi imposible arreglarlos. Algunos han hecho bebés de esta confusión durante el asunto. Mira cómo esto afecta la vida de los niños no nacidos.

En la mayoría de los casos, la madre está tan furiosa con el padre del niño, que no permite que el padre tenga una relación con el niño. Esto es muy injusto para el niño; tendrá problemas toda su vida tras esta tontería. El niño es incapaz de tomar la decisión de su propia vida, por lo que está en la confianza y el cuidado de la más que probable madre. Si la madre es incapaz de gobernar sus emociones y superar la traición, lo que requerirá casi un milagro, entonces el niño vive una vida de incertidumbre. La madre puede pintar cualquier imagen que desee porque el niño es el destinatario de la crianza de la madre. A los ojos del niño, la madre es la mejor por estar ahí para él, pero la realidad es que puso una cuña entre el niño y el padre, por lo que el padre siempre parecerá el malo. Por alguna razón, ni siquiera buscamos ayuda por el bien del niño, sino que nos precipitamos en las batallas legales, como si el bienestar del niño fuera la razón principal de la lucha, pero la realidad es que es el dolor, la pena y a veces el odio, la fuente de energía para esta lucha, no el amor por el bien del niño. Por desgracia, el niño crece cada día y no seguirá siendo un niño para siempre. Esta decepción debe encontrar una salida. Para la madre es más fácil luchar contra el padre debido a su dolor, pero tendrá más poder si perdona. Sin embargo, necesita ayuda para hacerlo. Lo que se necesita es amor real del Más Grande Amor y no estoy hablando de adormecer el dolor, sino de ir a buscar ayuda real de una fuente real; la fuente de curación y solo puede venir del amor. Ambos padres deben participar en la búsqueda de ayuda, ya que se necesitaron ambos para hacer al niño. Vale la pena por el bienestar del niño. ¿Por qué un juez tiene que abogar por la justicia cuando la gente dice ser piadosa y buena? Lo escuchamos todo el tiempo: "¡Tengo un buen corazón!". ¿De verdad?

Nadie conoce realmente su corazón hasta que ese corazón ha sido puesto a prueba y esta situación es solo una de las pruebas del "corazón". ¿Dejarán su orgullo a un lado por la vida inocente que producen los dos? Esta es una tragedia en nuestras comunidades a lo largo de este país. Ahora, cuando miramos a nuestra sociedad, nos encontramos con jóvenes confundidos y enfadados, que se expresan a través de las artes, algunos a través de las calles; éstas se han convertido en sus plataformas. Estamos escuchando el odio y la ira no resuelta del niño confundido que llevan dentro; no importa la edad. Así que por cada palabra que no expresan a su madre, la gritan a otras mujeres y al mundo, en las redes sociales, en la música y en los vídeos musicales. ¿Quiénes son los compositores? Son los jóvenes adultos que ya no son bebés. Podemos fingir que es para los niños, cuando en realidad, estábamos luchando con nuestro orgullo y el orgullo es destructivo; el orgullo no desactivado es peor que la muerte. El niño creció creyendo la mentira que le pusimos delante porque es fácil manipular a quien nos quiere. El niño está ahora tan herido y confundido porque no quiere creer que su madre o su padre hayan podido ser tan traicioneramente egoístas. Ahora, sin restitución, tenemos a todos estos jóvenes adultos, que se supone que son nuestro futuro y se convierten en los líderes de nuestras naciones.

¡Da miedo pensar que nuestro futuro pueda quedar en manos de los "20"! ¡Los 80 se dañaron tanto, hasta que no sirvieron para reparar o reclamar los 100, tan egoístas fueron los 80 hasta que nos quedamos con los confundidos 20! Así que mientras dejamos a la familia por el 20 que falta en las relaciones, tenemos que considerar el efecto a largo plazo que tendrá en todos nosotros. Ahora las transgresiones de los padres infieles se manifiestan a través de los hijos.

Las mentiras están siendo expuestas y la verdad está saliendo a la luz a través de las letras de la música y otras formas de expresión artística. Cuando se trata de la libertad de expresión y de palabra, la mayoría de nuestros mensajes son producidos por el 20%: los veinteañeros (grupo de edad) están heridos, incompletos, abandonados, rechazados, encubren mentiras, verdades ocultas, secretos del pasado, concebidos a partir de la ruptura y la lujuria. Si provienen de una situación 80/20, de la que nadie habla, entonces esto les deja ser sus propios terapeutas. Somos demasiado ignorantes u orgullosos para admitir que hemos metido la pata y necesitamos arreglar el error buscando ayuda profesional, no drogas, alcohol, y no escondiéndonos en la religión, sino sometiéndonos a la forma en que nuestro Creador Dios nos llamó a vivir en primer lugar. Tengan en cuenta que todos tenemos un enemigo real y que tiene mucha experiencia en el área de destruir familias. Este puede ser su Magnum opus hasta la fecha con respecto a la generación actual. "Podemos mirar al cielo y discernir el tiempo, pero no podemos mirar a nuestras familias y los problemas del mundo, y discernir, los signos de los tiempos". Escuchen nuestra música y su contenido; ¿oímos los gritos de los niños no amados y no deseados? ¡Están tan atados! El hip-hop, especialmente, se ha convertido en el más influyente, pero también en el más letal. Se ha convertido en una realidad agridulce para todos nosotros. Los jóvenes escuchan el hip-hop más que sus padres y profesores. Su mensaje se está volviendo destructivo donde al principio era constructivo. Es una herramienta e instrumento para infiltrar a los jóvenes y a los esperanzados para que crean el mensaje de: "Toma lo que quieras por cualquier medio y vive". Empezó como la verdad pero ahora Satanás lo está usando como plataforma para vender más mentiras y rebelión más ahora que en cualquier otra generación desde el principio de los tiempos y ha hecho el daño más agridulce.

No pretendo ser un experto en nada. Tampoco soy médico, ni psicólogo. No soy más que una voz que grita desde el horror de ahogarse en la sangre de los inocentes, un testigo del daño de un enemigo tan astuto que destruye a personas con talento y creatividad para derramar su propia sangre. Esto sí lo sé; "¡Puedo ver!" Estamos produciendo mentiras aderezadas con prosperidad y glamour en forma de vídeos musicales, haciendo que los niños abracen una gran mentira. Cuando ven videos que promocionan casas hermosas, coches exóticos, todo de diseño, desde la ropa hasta el mobiliario y harenes de mujeres dispuestas a tener sexo con los que tienen dinero, ¿por qué debería un hombre conformarse con una relación fiel y comprometida con alguien? Sé un "jugador". Este es el mensaje que se está infiltrando en nuestra nación y, en última instancia, en el mundo, y deberíamos saberlo, ¡esto sería la aniquilación de un pueblo! ¡No podemos construir una familia, una comunidad, una ciudad, un estado, una nación y un mundo fuertes con un grupo de perdedores llamados "jugadores"!

No lo conseguiremos; solo hay que preguntarle al Diablo. Él es nuestra referencia de la "historia verdadera".

¡Muestran a las mujeres que trabajan juntas para complacer al hombre con el dinero y están bien y felices de compartir a su hombre! ¡Todos sabemos que una mujer real no está de acuerdo con compartir a su hombre! Vean cómo la mentira es tan poderosa para los desesperados. ¡Esta mentira infunde poder a los infieles y establece metas para obtener la posición de jugador y machista! No estamos produciendo un mayor porcentaje de videos para traer el bien a nuestro mundo, sino el mal. ¿Dónde están los vídeos para promover la educación y la familia; salvar el mundo? ¿Dónde está el mensaje musical de la resolución? ¿Dónde están los profetas musicales? Los genios de la música de ayer utilizaron sus dones para concienciar sobre nuestros problemas buscando soluciones. La música cambió la mente de un pueblo y del mundo. Los grandes de la música que todavía están aquí en esta tierra deben estar atormentados al ver cómo la grandeza, la influencia y el poder de la música han sido contaminados y se están utilizando para destruir nuestro mundo. Es bueno que algunos de ellos se vayan a casa y no sean testigos de tanta maldad. A los que hacen que la música venda mentiras, enviando a los niños al infierno, no creo que sea tan sencillo; Dios tiene que juzgar cada caso. Cuando a un niño de entre 11 y 19 años se le hace creer a través de los medios de comunicación, que puede obtener estilos de vida lujosos siendo vicioso y malvado, algo es terriblemente retorcido en aquellos que se ganan la vida con tal "engaño destructivo". Lo que es triste es que la droga, los coches, las joyas, las casas y la ropa no se compraron con un estilo de vida de gánsteres en absoluto. Estos tipos viven en Hollywood y comunidades similares esperando un cheque legítimo de sus compañías discográficas para las que trabajan; ¡todo esto es mentira! ¡Ellos no te sienten, no hablan por ti, y no son tú quien está luchando! Son promotores de la destrucción de nuestra juventud mientras van a más funerales y mandan construir cárceles. Se ha convertido en un gran negocio de muerte y destrucción, ¡qué mentiras! Hemos visto más muertes que las que han ocurrido en nuestras guerras históricas anteriores. Nos preocupamos por las guerras o incluso por una posible guerra civil; pues bien, miren a su alrededor: ¡ya está aquí! Los jóvenes están en las calles tratando de denunciar la destrucción de su propia gente porque han hecho de estos artistas sus héroes y el mensaje es vender droga, ser un gánster, un proxeneta, un mentiroso, un engañador, un jugador, una mujerzuela y un asesino. Seguramente, este es el camino hacia la prosperidad, ¿verdad?

¿Vemos o estamos tan ciegos ante lo hipócritas que somos? Al fin y al cabo, somos los mismos que tenemos hijos y tratamos de darles una buena vida. ¡Un momento! Tus víctimas están muriendo en las calles del "barrio" de todo el mundo porque hay guetos por todas partes mientras tú envías a tus hijos a las mejores escuelas y vives las mejores vidas. ¡Hay algo enfermizo en todo esto! Vuestra "música con mensaje" hizo que un niño matara a alguien y ha ido a la cárcel o será ejecutado. Una madre está en el juzgado llorando mientras la otra está en el cementerio enterrando a su hijo y tú te sientes como si estuvieras en la cima del juego por destruir la vida. Tenemos que arreglar esto. ¡Necesitamos volver a Dios de verdad! Tenemos demasiadas iglesias, religiones y líderes religiosos que se quedan de brazos cruzados o se esconden detrás de puertas cerradas predicando. Pero el verdadero ministerio es servir, no ser servido.

¿Cómo debería Dios juzgar esto? Porque Él lo hará. Es Su trabajo hacerlo, pero solo tenemos una vida para construir nuestro caso. Rezo por la mujer porque suele ser el 100 por ciento convertido en 80 por ciento, perdiendo al hombre que buscaba su 20. Al hacerlo, la mujer está ahora tratando de ser como él y, en última instancia, produciendo lo negativo, la pérdida, lo destructivo, el asesino, los jugadores, el proxeneta, el gánster, el mentiroso, la puta ... necesito decir más ... Estoy cansado. ¡No puedo seguir con el resto! Algunas mujeres han dejado un buen hogar y matrimonio porque piensan que les falta algo. Quiere pasarla bien; ha dejado el 80 por ciento buscando el 100 por ciento y ha encontrado su 20 por ciento. No solo encontró su 20, sino que esto se convertirá en algo repetitivamente ridículo, conseguir 20 tras 20 y tras 20, ahora sus hijos han sido testigos de cómo se juega con la madre y es más que probable que tengan problemas con los hombres; ellos también tendrán su parte de 20. Después de que mamá y papá les mostraron que el matrimonio no tiene valor, entonces ¿por qué deberían entrar en un acuerdo que no van a cumplir? Nos hemos convertido en los mayores "rompedores de pactos" de este planeta. No mantenemos nuestra palabra incluso después de organizar esta gran ceremonia como si fuera la boda la que hace el matrimonio, pero la ceremonia debería ser un paralelo de una unión celebrada de un compromiso de por vida y la alegría de la familia. Incluso entramos en la iglesia y nos ponemos delante de Dios, del predicador, de los testigos y de la familia e intercambiamos votos, ¡para luego romperlos como si fuera una broma! ¿Dios es una broma? Tal vez lo pensamos; por eso seguimos cada vez más alejándolo de nuestras vidas, de nuestras leyes, de nuestro gobierno, de nuestra conciencia, y así como seguro que nacemos para morir, llegará el día en que Él nos alejará a muchos de los suyos. Hay demasiados divorcios de los que juramos amarnos y estar comprometidos hasta que la muerte nos separe. La verdad es; algunos hombres y mujeres no son buenos y son egoístas. La mujer tiene tanto poder e influencia.

¿Tomará ella nota de lo equivocada que está? ¡Mira la historia! Lo que sea que le haya costado conseguir a su hombre, continúe en ello para mantenerlo. Tome la decisión consciente de hacer bebés por "amor y haciendo el amor", ¡no por sexo aleatorio, lujurioso y caliente! Por lo menos tenemos que ser responsables cuando un niño nace irresponsablemente por lujuria o trampa.

Es muy injusto para el bebé porque nace con un trabajo. El bebé debería ser amado y celebrado, ¡no encontrarse en un charco de estrés y desorden! Cuando una esposa retiene a su marido para tener sexo, está usando la brujería. No quiere que su marido la engañe, ¡pero le raciona el sexo y el amor como si estuviera en la beneficencia por amor! ¡Por favor, hay que dejar de jugar! ¡La mujer debe entender quién la odia! Estoy plenamente convencido de ello. Cuidado con los engaños de su enemigo. Una mujer casada, que sale en un club con amigas solteras, es tan perversa como un hombre casado que sale en un prostíbulo a dormir la siesta antes de volver a casa después del trabajo. No podemos jugar con fuego y no quemarnos. Necesitamos decir la verdad de cuántas familias y relaciones han sido destruidas por un tiempo falso en la ciudad con perdedores y esto va para el hombre y la mujer. ¡Tenemos que compartir nuestras historias y decirle a la gente la verdad de cómo se jugó y finalmente terminó! Mientras nosotros pasamos por esta tontería, en el otro lado del mundo, la guerra continúa y se intensifica cada vez más. ¡No podemos seguir mucho más tiempo sin pagar las penas por la falta de respeto que le estamos dando al Rey! Los verdaderos reyes nacen por cuenta natural. Hacen cuentas con los enemigos y con los aliados. Son sabios al saber de qué lado están antes de enviar ejércitos a la guerra. Una vez desatado, ¡no hay vuelta atrás hasta que su enemigo sea aniquilado! Tenemos este lío porque alguien se fue buscando su 20. Dios le dio a Lucifer todo y él se fue en busca de su 20. Satanás está buscando sus 20, el Diablo está buscando sus 20, el hombre está buscando sus 20, la mujer está buscando sus 20, y los niños de esta generación están fuera del contador en la ira, porque son la generación de los "20".

El Cielo ha liberado una ampolla sobre esta generación para que todos la vean; ¡se llamará, la generación "20/20"! Una doble porción; ¡visión perfecta! ¡Abran sus ojos y vean las transgresiones largamente esperadas para que los cielos vean a través de esta generación! ¡Para el año 2020 la cara de nuestra nación habrá cambiado para siempre! Cuando una mujer tiene un "corazón de hombre", es difícil para él alejarse o dejarlo ir. Las mujeres necesitan entender esto y dejar de entregarle a un hombre su cuerpo y todos sus bienes sin conocerlo o tener un compromiso, si es que eso es lo que busca. Si lo que buscas no es el matrimonio, sino una relación, entonces al menos haz que te corteje durante 120 días antes de considerar siquiera darle sexo. Este es el "período de evaluación" de la relación. Esto les dará la oportunidad de salir y conocerse de verdad. Esto dará tiempo para lidiar con los acontecimientos normales de la vida, como el trabajo, estar en casa, el tiempo de relax, y podrás ver cómo la persona maneja el día a día, sea lo que sea. Si ese hombre tiene que darte excusas cada día de fiesta o tiene algún tipo de emergencia en la que no puede estar contigo, entonces está casado o en una relación comprometida... ¡y no eres tú! Demasiadas mujeres "se dan por vencidas" demasiado rápido y echan a perder la oportunidad de saber qué diablos es el hombre. Tú le diste tus "galletas y leche" y él está teniendo toda la comida con adornos en su verdadera casa con la dama de su vida.

Lamentablemente, él está enamorado de ella, pero ella se ha acomodado demasiado en la relación y tal vez sea lo suficientemente arrogante como para pensar: "¡Él nunca se apartará de lo bueno!". Puede que ella tenga razón sobre lo bueno, pero no es tan bueno si él no lo recibe con regularidad. Cuando se trata de un hombre, encontrará un sustituto para lo que le falta. Algunos incluso se complacen con las chicas de Internet, pensando que es mejor que el engaño y puede que no lo vean como "engaño". No obstante, busca ese "20 por ciento" que le falta. "¡Sean prudentes como las serpientes, pero inofensivas como las palomas, señoras!" Vigila tus relaciones y deja de ser perezoso. Deja de ir de compras para quedar bien. Dejen de renunciar a los bienes en su propio matrimonio; ¡esto es falso, sombra! La mayoría de las mujeres argumentarán el hecho y cito: "¡No estoy haciendo esto por nadie más que por mí!" ¿Así que quiere que su marido crea que está pasando por todos esos problemas por ella misma y por nadie más? Si eso es cierto, ¡corre! ¡Esto solo significa que ella es la persona más egoísta del planeta! No importa lo que hagas o le des, ¡nunca será suficiente! La lujuria por las cosas nunca puede ser satisfecha, así que ve y encuentra el amor. ¡Este es el espíritu de Lucifer! ¡No puede amarte a ti ni a nadie más, no hay lugar, porque está demasiado enamorada de sí misma! Ella no puede ver más allá de sus propios deseos que satisfacen la lujuria. Estas mujeres son buenas para atrapar a los hombres, son grandes seductoras, ¡pero no son buenas para mantener a un hombre! Esto es engaño. Ella sabe de antemano que no puede mantener ese acto para un solo hombre; se aburrirá muy fácilmente contigo. De hecho, la mayoría de estas mujeres son las "veinteañeras". Pero sobre todo, estas mujeres no quieren estar solas. En la mayoría de los casos, el hombre se deja llevar por lo bien que se ve ella; pues esto es una inversión.

El chico nuevo no sabe que todo lo que ella es o tiene, lo ha obtenido de una colección de hombres; ¡relaciones falsas anteriores! Su guardarropa se extiende a lo largo de años de hombres con los que ha estado; son regalos como recompensa por su servicio, pero mejor no la llames puta o prostituta, ¡piensa que tiene que trabajar una esquina para calificar! ¡Lo que es aún más asombrosamente vergonzoso es que la mayoría de las mujeres que viven así tienen hijos! Ella será buena para seducirte, probablemente la mejor que hayas tenido, pero es parte del juego. Su maestro es la serpiente, que es su enemigo, y ella ni siquiera lo conoce. Utiliza a todos sus hombres y citas para acumular regalos. Uno le regala un perfume, otro una blusa, otro unos zapatos, otro un vestido, otro la factura de la peluquería, otro el pago del coche y así sucesivamente. Todos ellos le pagarán la comida en algún restaurante; es una adicta a eso. Aquí es donde se le pone a tiro en la cita para cenar. Suele pedir más de lo que puede comer para llevarse algo a casa. Como una adicta, siempre se lleva algo de su cita a casa. Todas sus citas tienen que tener un buen ritmo porque las utiliza para comprarle algo tan a menudo como sea posible y finge estar muy agradecida. Le financian el aspecto y la apariencia. Esto es para hacerla lucir bien, para permitirle capturar a su próxima víctima (cita). La mayoría de las mujeres no tienen idea de que la misma serpiente que abusó de ella mientras crecía es el mismo espíritu que la utiliza para cometer estos actos. Ella se limpiará y pulirá, por si acaso se cruza con ese alguien que ella piensa que vale la pena el riesgo de perder su relación si es que actualmente esta en una. Se arreglará el pelo, se pintará las uñas y se pondrá ese traje especial para probarlo con los chicos y las mujeres.

Suele ir de compras, aunque no vaya a comprar nada;así es como merodea y pone a prueba al merodeador. A las mujeres les encanta la atención, así es como está conectada. No se trata de quitarle protagonismo a una dama; ¡simplemente estamos exponiendo al destructor! También usarán ropa interior exótica, y de nuevo, esto es solo por si ella planea ir hasta el final; ¡ella quiere estar fresca, limpia, exótica y sexy! Este es otro problema que tendrás; sus citas anteriores siempre aparecerán y gruñirán porque quieren que ella los enloquezca y te pondrán a prueba indirectamente para ver si eres una pieza nueva o intentas ser serio. Si creen que vas en serio, intentarán faltarte al respeto porque no la respetan. Ellos saben lo que es ella y cuando terminó con ellos, también cortó el sexo con ellos. Pero hay algo en el hecho de verla con otro hombre; el hombre quiere volver a ligar y lo más probable es que ella también se excite. Si lo está se enrollará con él una vez más cuando tú no estés. Tendrán un poco de señal; confía y cree que su teléfono está bloqueado. Ella no puede explicar por qué es así; ¡solo sabe que está tratando de vivir!

Esto puede sonar un poco "grosero" o, como dicen en Europa, "un poco descarado", pero es el momento de exponer al "verdadero enemigo" y no es ella. Tiene que ver cómo la serpiente la está utilizando para destruir a la familia.

¡Aléjate de ese árbol! Mientras estos juegos se lleven a cabo, otro niño convertido en hombre te llamará "azada". Antes había una época en la que tenías a las chicas que podías llevar a casa con mamá y a las que no, pero hoy están todas mezcladas y rodando juntas. ¡Es tan injusto que todas las mujeres sean etiquetadas como "zorras"!

Escuchen lo que dicen los jóvenes de esta generación. No respetan a las mujeres, especialmente a las negras. ¿Por qué el mundo se siente tan cómodo llamando a cualquier mujer por su nombre? ¿Qué ha pasado con el amor en las canciones? Se han convertido en canciones estrictamente de "lujuria". La lujuria no ama a nadie. La lujuria es egoísta y nunca puede ser satisfecha, no importa cuánto le des. El amor debe buscar el amor y la lujuria debe hacer lo mismo y buscar la lujuria. Si no te ama, entonces te deseará e inevitablemente te dejará. Si busca el amor, entonces busca dónde está el amor y eso es en el corazón.

¡Tenemos que arreglar este enredo!

Tenemos que enfrentarnos a la realidad. Estos jóvenes lo están viendo y lo están sacando a la luz. Tenemos líderes que se han escondido de la verdad durante tanto tiempo, que nos ha explotado en la cara; ¡deberíamos estar avergonzados! Esto debería ser una prueba de realidad para todos nosotros. Si esta es la percepción de nuestras mujeres hoy en día, entonces quién tendría confianza o querría casarse, cuando sienten que no se puede confiar en la mujer.

¿Lo escuchaste decir: "El timbre de su teléfono estaba apagado y su anillo de bodas estaba fuera de su mano mientras ella lo seducía?" Esto es real. Entonces, ¿por qué los hombres con poder y riqueza quieren a una mujer si no se puede confiar en ella? Viendo la cantidad de mujeres casadas que están en los clubes, las calles y las redes sociales, ¡en busca de un proveedor! Esto suele ocurrir después de que ella te tenga a ti.

Toda la pasión disminuirá; es solo cuestión de tiempo. Mientras tú trabajas para cuidarla, ella está al acecho de la mayor atención del siguiente tipo que parezca que puede hacerlo mejor que tú. En mi experiencia, nunca he conocido a una mujer que se defienda de esta manera para mantenerse fiel. Estaba hambrienta de atención y un día se le acercó alguien demasiado tentador como para dejarlo pasar. Ella sembró sus semillas y ahora es el momento de la cosecha; otro matrimonio que se ha ido al infierno por culpa de la mentira. Así que mi consejo es que no juegues con fuego porque te quemarás. La persona no engaña cuando se pone física pero cuando lo hizo en su corazón... ya estaba hecho; es solo cuestión de tiempo. No importa cuánto le des a la lujuria, siempre querrá más. Por muy buena que parezca la relación desde una situación de adúltera, nunca ha sido un éxito ni siquiera para hablar. Las posibilidades de que la infidelidad sea la base de una relación amorosa y duradera, son escasas o nulas. Si él o ella te ama hoy, aguanta, porque eso no será cierto mañana. Una vez que uno de los dos comete una infidelidad, rompiendo el corazón de la otra parte, tendrás tu cuota de rupturas de corazón. Al final se manifestarán. Tendrán muchas noches sin dormir por la falta de confianza en el otro. Incluso al pasar a otra relación, no serás capaz de dejar atrás el equipaje. Recordarás constantemente las mentiras y los engaños que has hecho para engañar a tu pareja.

¡Nunca confiarán el uno en el otro porque ambos saben que "el diablo es un mentiroso" y ambos son mentirosos y viven una mentira! Todos los que hemos vivido lo suficiente sabemos que "¡una mentira no puede resistir!"

¡Ahora lo que empezó como un buen momento se ha convertido en un tormento para sus mentes y su alma! ¡Tenemos demasiadas religiones para que esto suceda ante nuestros ojos y en nuestros hogares, y a veces, en la iglesia! ¿Qué? La regla del 80/20 no está sesgada ni tiene prejuicios. No trabajamos juntos para hacer 100, sino que solo podemos existir cuando 100 se divide o se distrae y carece de vigilancia. Solo estamos aquí porque has tenido algunos de los invitados más prestigiosos que han pisado este planeta; desde reyes a reinas, políticos a sacerdotes, fuerzas del orden a presos, maridos y esposas, desde la casa de la iglesia al prostíbulo, incluso al juzgado. No discernimos entre las situaciones; tampoco tenemos en cuenta las circunstancias. Lo único que sabemos es que hay que acomodarse y ya veremos a qué atenerse. Pero te voy a contar un pequeño secreto: te sentirás bien al principio si consigues superar la culpa, la vergüenza y la condena. Nos ocuparemos de ti todo el tiempo que necesites, pero no podemos garantizar que te recuperes de lo que te haremos. Puede que tu mujer o tu marido no quieran que vuelvas o que no te vuelvan a ver de la misma manera, pero te lo pasarás bien con nosotros durante un tiempo; luego la justicia prevalecerá "80/20". Soy creyente y desafío a todos los que aman a Dios y están cansados de quedarse quietos, viendo cómo se autodestruye una generación, a que se unan para salvar a un pueblo.

¡Pongamos nuestras diferencias a un lado, por el amor de Dios! ¡Dios está mirando! Tenemos que unirnos por el bien común. Lo único que hace falta es valor y acuerdo. Los líderes en tiempos anteriores a nosotros no se quedarían de brazos cruzados y permitirían que esto sucediera. Miren lo que nos ha sucedido solo en los últimos 60 años. ¿A dónde vamos a partir de aquí? ¿Dónde acabaremos en los próximos 60 años como pueblo y como nación? ¿Qué pasará con nuestras mujeres?

Debería hacernos preguntar: ¿quién es el verdadero enemigo? ¿Quién es el que odia? Pero he decidido hablar por mí misma, para que lo sepáis. Aunque no me amaste, nunca me quisiste, pero me diste mis nombres; friki, rechazada, satisfecha, vengativa, sexy, complaciente, trozo, azada, tramposa, prostituta, cabeza de pollo, inútil, buena para nada, zorra, cazafortunas, traicionera, seductora, ramera y cosa. ¿Cuánto tiempo podremos seguir así como pueblo, como nación? Alguien es responsable de mí, dice su "¡20!"Capítulo.

Capítulo 13: La Nueva Babilonia

La Biblia habla proféticamente de este cambio en algo llamado, "La Nueva Babilonia". Se trata de una nación, pero más bien de un "sistema" similar a la "Antigua Babilonia" ¡para provocar un cambio global! Probablemente nadie se ofrecería para este cambio, pero debido a una serie de eventos catastróficos en el pasado, el cambio es bienvenido a un nivel desesperado en este momento. Estamos buscando en todas partes y a casi cualquier persona.

La antigua Babilonia estaba en el lugar del actual Irak. El rey Nabucodonosor era el gobernante y la superpotencia del mundo en su época. Saddam Hussein creía que había sido elegido y propuesto como líder para resucitar la antigua Babilonia. Su objetivo era mostrar al mundo la Nueva Babilonia y, por tanto, cumplir la profecía del ascenso de Babilonia a su antiguo estado de poder mundial. Hussein estaba en camino de ser el moderno Nabucodonosor. Nabucodonosor fue humillado por el Dios Todopoderoso en un momento dado y perdió la cabeza dejando su corona y su trono, viviendo como un animal en el bosque durante siete años. Tan misteriosamente como dejó su reino, un día regresó y dio su testimonio de que el verdadero rey es el que vive para siempre y que el Dios Todopoderoso era realmente el Rey de Reyes.

No había nación o rey más grande que él en la tierra y todos los reyes y naciones le temían. Durante esta época, el rey Nabucodonosor sometió a Jerusalén y al pueblo israelita, esclavizando a los que sobrevivieron. Babilonia tenía muchos pueblos de diferentes razas y lenguas y el pueblo israelita no fue una excepción. Los israelitas fueron esclavos en Babilonia por unos setenta años durante este tiempo. Como es y fue para cualquier nación, los esclavos trajeron a Babilonia una riqueza y un poder sin precedentes. Nabucodonosor hizo lo impensable y sometió la Capital, que era Jerusalén. Profanó el templo y tomó todas las riquezas y objetos de valor que se encontraban en su interior, llevándose todas las cosas sagradas incluyendo la más preciada de todas, (al menos para el Pueblo Israelita) "el Arca de la Alianza". Esta atrevida y audaz acción de desprecio a Dios y al hombre exigió la atención y el respeto de todas las naciones y reyes, convirtiendo a Nabucodonosor en el más despiadado e intrépido de todos los reyes. Esto colocó a Babilonia por delante de todas las naciones y reinos. Todas las naciones miraban ahora a Babilonia en busca de oportunidades de comercio y negocios con la esperanza de obtener riqueza y prosperidad. Nabucodonosor tenía una visión y el trabajo libre recién fundado le ayudaría a llevarla a cabo. Deseaba hacer historia y ser el mayor rey del mundo. Con los esclavos bajo su autoridad, tenía recursos más que suficientes para llevar a cabo su visión.

Los esclavos en cualquier nación o sociedad son una de las mayores mercancías y hacen que la nación sea rica. Con la arrogancia, el poder, el ejército y la visión de Nabucodonosor, no había ningún rey o nación que pudiera acercarse a su grandeza, lo que hizo que su reino fuera aclamado como "¡Babilonia la Grande!" El rey Nabucodonosor se consideraba a sí mismo como un dios y el mayor gobernante de la historia. Cambió el juego mientras tenía el mundo en la palma de sus manos. No le preocupaba el amor de nadie por él, sino que prosperaba con el poder y con que todos le temieran. Construyó literalmente una imagen de sí mismo exigiendo que todos se inclinaran y le adoraran. No tenía el apoyo de su pueblo, tenía su adoración. A veces pensamos que estamos apoyando cuando en realidad es adoración. La adoración es dar todo para honrar, considerar y dedicarse a una causa o persona, sin importar lo que sea.

Dios puso a este hombre en el poder para exponer los

verdaderos corazones de su pueblo, especialmente los que dicen creer en Dios y servirle. A quienquiera que adoren definitivamente le servirían en cualquier capacidad. Pregunta, ¿a quién adoraban realmente o qué? Ellos dirían que a Dios pero adoraban el oro, el dinero y las cosas materiales. Así que Dios les dio un rey que entendía la riqueza y expuso sus verdaderos corazones. Dios usó a un rey gentil para mostrarle al mundo lo mucho que el sacerdotey los predicadores amaban el dinero, así que les dio una imagen de lo que realmente adoraban. El rey habría hecho una imagen de unos cien pies de alto y aproximadamente veinticinco pies de ancho del oro más fino. Si cumplían, recibirían su favor, pero si no lo hacían, recibirían consecuentemente su juicio. Ejecutó al general del rey de Israel y a los hijos del rey ante sus ojos. Luego lo convirtió en esclavo. Se aseguró de mencionarle al Profeta Jeremías y la palabra que Dios le había dado aunque Nabucodonosor no era un servidor de este Dios de ese pueblo. Pero dejó claro que su Dios los entregó en sus manos. También mató a los falsos profetas que hicieron que el pueblo se rebelara contra Dios. Nabucodonosor sabía que si este pueblo hubiera sido realmente fiel y leal a su Dios no se le habría dado la autoridad para apoderarse de ellos y capturarlos en la batalla. Durante mucho tiempo, Israel había olvidado cómo Dios los había librado de muchos enemigos y complots para derrocarlos. ESTABAN TAN BENDECIDOS QUE SE CREÍAN INTOCABLES. No entendían que era Dios quien ponía en los corazones para hacer Su Voluntad. Dios extendió Su gracia pero ellos no se volvieron de su lascivia.

El profeta Jeremías le dio al rey mensajes repetidamente de lo que iba a venir. Dios había puesto Sus palabras en la boca de Jeremías. Jeremías fue el testigo y mensajero de Dios para advertir al rey y al pueblo de su apostasía religiosa bajo Manasés. Josías trabajó en la reforma religiosa y Jeremías la apoyó con entusiasmo hasta que se dio cuenta de que no estaba cambiando el corazón del pueblo. Sería un par de años después de la muerte de Josías, cuando la batalla de Carchemish estableció el control de Babilonia sobre Asia occidental (605 a.C.). Desde entonces Jeremías abogó por la sumisión a Babilonia, pero sin éxito.

El ministerio de Jeremías duró más de cuarenta años. La nación estaba sumida en el caos cuando él nació y su propio padre era sacerdote y lo había sido durante muchos de los años de apostasía en el período de cuatro reyes. Veintiún años de apostasía religiosa y debilidad política hicieron inevitable la caída de Jerusalén en el 586 a.C. y el exilio. En el capítulo 23 de Jeremías se escucha cómo fue un guerrero de Dios, advirtiendo primero a los líderes religiosos para que dejaran la idolatría y volvieran a Dios. Los pastores estaban desplumando a las ovejas y el pueblo de Dios estaba en problemas. Los líderes eran tan vanidosos que hacían lo que fuera para conseguir prosperidad. Los pastores y profetas se habían convertido en evidentes mentirosos para su propio beneficio egoísta. Las angustiosas circunstancias en las que trabajaba Jeremías, y el extraordinario grado en que la idolatría había sustituido a la religión revelada en Judá, se reflejan claramente en las profecías de Jeremías. También lo es la angustia espiritual de Jeremías ocasionada por esta apostasía, pero no es pesimista. Es el guerrero, el testigo y el vigilante de Dios. Al leer sus escritos, se puede ver claramente su misión de toda la vida de hacer que el pueblo vuelva a alinearse con Dios. Jeremías dio a conocer las traiciones contra Dios, pero nadie escuchaba.

Ellos malinterpretaron las cosas materiales por las bendiciones de Dios y la aprobación de sus estilos de vida. Mientras tanto, Jeremías traía un mensaje de Dios, queriendo el divorcio de Judá. Los profetas que tenían un interés político con el pueblo veían a Jeremías como una amenaza para su futuro imaginario porque nunca sería una realidad. Pero, por supuesto, los falsos profetas y mensajeros tenían los oídos del rey y de los poderes fácticos. Una y otra vez conspiraron para silenciar la verdad, y una de las revelaciones en particular fue arrojar al mensajero a la cárcel. En los oráculos de Jeremías, Dios, el gobernador moral del mundo, es el Dios del pacto de Israel. A través de Israel, Él buscó lograr propósitos morales. Por desgracia, los adulterios del reino del norte con Baalim obligaron a divorciarse de ella (es decir, a exiliarla). Judá, el reino del sur, no aprendió de la experiencia de Israel. Superó a Israel en impurezas sexuales, pero Judá repudió las acusaciones de infidelidad religiosa. Por lo tanto, Dios debe juzgarla.

"Y el Señor me dijo: La reincidente Israel se ha justificado más que la traicionera Judá". (Jeremías 3:11)

El arrepentimiento podría haber suspendido el proceso de divorcio (exilio), a pesar de sus adulterios, tan grande es la gracia del Señor. Pero Judá estaba tan establecida en la lascivia que era incapaz de enmendarse moralmente. Paulatinamente, las virtudes sociales desaparecieron. Ir a la iglesia, hablar con Dios, los sacrificiosy los rituales fracasaron como sustitutos del arrepentimiento y la rectitud. La espantosa pecaminosidad de Judá significaba que él pecado debía ser congénito, de ahí su incapacidad moral. Surgía de una naturaleza pecaminosa. El juicio era ineludible, y el exilio. Pero el exilio no es la última palabra.

Nabucodonosor se llevó al hijo de Joaquín, Joaquín, que reinó en lugar de su padre. Él también hizo el mal a los ojos del Señor, según todo lo que había hecho su padre. Nabucodonosor subió contra Jerusalén y sitió la ciudad. Joaquín, rey de Judá, fue llevado al rey de Babilonia: él, su madre, sus siervos, sus príncipes y sus oficiales. El rey de Babilonia se lo llevó en el octavo año de su reinado. El rey de Babilonia tomó todos los tesoros de la casa real, y cortó en pedazos todos los utensilios de oro que el rey Salomón de Israel había hecho en el templo del Señor, como el Señor le había ordenado. Se llevó a toda Jerusalén, y a todos los príncipes y a todos los valientes, a los fuertes y preparados para la guerra, y a toda la mano de obra especializada, a los constructores, a los trabajadores del metal y a los artesanos.

Se lo llevó todo, pero dejó atrás a los más pobres del país. Tomó cautiva a la madre del rey, a las esposas del rey, a sus oficiales y a los hombres poderosos del país.

El rey de Babilonia nombró rey en su lugar a Matanías, tío de Joaquín, y le cambió el nombre por el de Sedequías. Sedequías tenía veintiún años cuando comenzó a reinar. Reinó once años en Jerusalén. También él hizo lo malo ante los ojos del Señor, conforme a todo lo que había hecho Joacim. Este fue el cuarto rey bajo las advertencias del profeta Jeremías. El mensaje de Jeremías había sido consistente por casi cuarenta años y ningún rey había escuchado o siquiera advertido al pueblo de la destrucción que vendría si no se apartaba del mal. Jeremías les dijo a todos ellos que se arrepintieran y volvieran al bien y se abstuvieran de hacer el mal y la inmoralidad. En cambio, silenciaron al mensajero. Por culpa de estos líderes malvados, Dios dio poder a sus enemigos para echarlos de su propia ciudad, para hacerlos esclavos, para recordarles cómo Él fue el que los liberó como pueblo después de más de cuatrocientos años de esclavitud y maltrato por parte del Faraón y de Egipto. Dios utilizó a Moisés como su mensajero ante el rey de Egipto y él no quiso razonar ni hacer caso a la advertencia. Así que aquí vamos de nuevo. ¿Por qué no aprender de la historia? Por alguna razón pensaron en saltarse la lección de historia. El propósito de la Pascua en el primer mes del año en el día 14 al 21, siete días de pan sin levadura para recordarles cuando eran esclavos y cómo Él los liberó; nadie tuvo misericordia de ellos sino Dios. Ahora estos son los descendientes de los antiguos esclavos siendo llevados a la esclavitud de nuevo como pueblo. La parodia es que escucharon las historias de sus ancestros como esclavos, pero nunca experimentaron la esclavitud ellos mismos. Su terquedad y su orgullo los tienen atrapados como una presa en una red.

¿Cuál es su destino?

Supuestamente, ser una nación temerosa y servidora de Dios significaba ser un lugar multicultural de negocios, comercio, y riqueza construido sobre la mano de obra libre esclavos que son fuertes, inteligentes e intelectualmente dotados; los talentos ordenados de todas las razas. No se cometió ningún error al saber que los israelitas son los esclavos de esta nación; todo el mundo lo sabe. Había esclavos seleccionados y favorecidos para representar la sabiduría del rey, y aunque no eran reconocidos por la sociedad en su conjunto, los que estaban en el círculo del rey sabían que estos esclavos tenían el favor divino y un conocimiento que no se podía negar.

Los esclavos estaban llenos de conocimientos en ciencia, matemáticas y astrología, interpretando visiones y sueños. El nieto de Nabucodonosor, Darío, es ahora rey y toma la decisión consciente de restaurar a los esclavos y finalmente les devuelve sus tierras, oportunidades e incluso templos. Por supuesto, hay descendientes babilónicos de la orden de Nabucodonosor y se han beneficiado de las formas de tratar a los esclavos y la riqueza. Se sintieron amenazados por la restauración de los esclavos de vuelta a su propia tierra y libertad. El miedo de estos líderes de Babilonia les hizo sabotear al pueblo israelita, aunque en contra de los deseos del rey e incluso de la ley. La desesperación de los líderes de Babilonia por permanecer en el poder les hizo violar vidas y leyes para mantener a los israelitas bajo sus pies. Los que tenían el control del gobierno y las leyes de Babilonia incluso falsificaban los documentos presentados al gobierno en nombre del pueblo israelita. Como resultado de las tácticas de sabotaje de estos funcionarios del gobierno, el trabajo de los israelitas se vio obstaculizado y finalmente se detuvo. Hicieron que el pueblo israelita pareciera melancólico y perezoso, causando la desesperación del rey. El pueblo había solicitado al rey durante años su deseo de tener su propia tierra, y de construir/restaurar su templo. El rey estaba confundido después de recibir falsos informes de por qué los israelitas dejaron de trabajar en proyectos en su propia comunidad, porque sus acciones eran una contradicción con su tan esperada petición de construir su templo que les permitiera adorar a su propio Dios. El rey Darío descubrió que los líderes que estaban a cargo de estas operaciones estaban en el centro de los problemas. Violaron las órdenes del rey y las leyes de la tierra al sabotear a estas personas. El rey dio una nueva orden para que el pueblo israelita reanudara la construcción dé su templo y su comunidad. La nueva ley y orden del rey decía: cualquiera que impida al pueblo israelita construir y prosperar responderá directamente ante el rey.

Sea cual sea la forma en que los obstaculices, el rey te obstaculizará a ti. Si derribabas sus muros, los muros de tu casa serían derribados. Si derribaras alguna tabla de sus techos y tejados, lo mismo se haría con tus casas. Si los maltratabas o abusabas de ellos de alguna manera, entonces tú serías maltratado y abusado. Si dañabas o matabas a alguno de los israelitas, entonces tú y tu familia serían asesinados. Entonces el rey financió el costo de construcción del pueblo israelita debido a las acciones de sus líderes que los saboteaban. Les dio todo el apoyo que necesitaban para completar su trabajo y les dijo que construyeran con la mayor celeridad porque su trabajo había sido obstaculizado durante dos años. Esta fue la sabiduría del rey para restaurar a un pueblo que había sido injustamente tratado, derribado e impedido de progresar. El rey comprendió, como la mayoría de los babilonios de la época, que los israelitas tenían su propia tierra y posesiones antes de ser hechos esclavos y que fueron muy decisivos en la prosperidad y riqueza de "Babilonia la Grande", ya que los babilonios conocían y experimentaban la grandeza proporcionada por las habilidades, mentes e innovaciones de un pueblo esclavizado. Sencillamente, si el pueblo israelita pudo construir y prosperar a los babilonios, entonces ¿por qué no podrían prosperar ellos mismos si se les dieran las mismas oportunidades sin obstaculizar o manipular a ellos y su trabajo? La antigua Babilonia se llama ahora Irak y la nueva Babilonia no está en el este sino en el oeste como los Estados Unidos de América. Babilonia no tiene que ver con la ubicación geográfica, sino que es un sistema, que exige una mentalidad dominante sobre la gente inferior o hecha para ser degenerada. Norteamérica es la "Nueva Babilonia" de la que se hablaba hace más de 2.000 años cuando el oriente no tenía conocimiento de ella. Las profecías de la esclavitud, el comercio de esclavos, las fronteras de África, Etiopía, incluso se describen los barcos, los capitanes y los muertos que fueron arrojados por la borda en el mar (océano). Se habla claramente con mucha antelación de la brutalidad, el asesinato y la construcción de ciudades sobre sangre inocente. Sus pecados han subido al cielo y los Ancianos preguntan: "¿Cuánto falta para su juicio?" El destino de esta nación dependerá de la gloria, el poder y la autoridad de la mujer que entiende que su posición y postura es la única relevante y resuelta en quien tiene una visión divina 20/20, un ser que abre los ojos como ella, porque ha sufrido desde el principio de los tiempos. ¡Es inevitable que la Mujer sea el Súper Poder de esta Nueva Era! El 2020 fue el año de la visión correctiva. Dios nos mostró divinamente lo mucho que teníamos.

La Nueva Babilonia es y continuará siendo el instrumento utilizado para exponer al Anticristo, su intención y espíritu. Él vendrá tras ella, no para unir sino para controlar. Él no podrá resistirse a mostrarse en estos tiempos como no pudo resistirse a mostrarse a Eva en el Jardín. ¡Una vez que la mujer esté en posición como el ser más poderoso en este planeta, entonces seremos testigos de un cambio sin precedentes porque se le dará gloria y poder como el mundo nunca ha visto! Para reflexionar: no busques que ella sea justa tanto como que sea inteligente y poderosa. Le guste o no, será justificada, porque todo debe llegar a su fin. Para los que la odian desde hace mucho tiempo, este es su momento y temporada esperados. Su destino es inevitable y está relacionado con sus primeras pruebas y muchas tribulaciones a lo largo de los años. Considerada de segunda clase, es trasladada a la posición de cabeza y el mundo entero la verá. Apocalipsis 18 no puede cumplirse hasta que ella se siente en el trono. ¡Ella tendrá un Poder y una Gloria que el mundo nunca ha visto o presenciado hasta ahora!

Ella es como ninguna otra mujer en el mundo. Ella está hecha de manera única no de una raza sino de muchas razas. Ella es de todas las razas y credos. Ella aprendió la religión y a través de ella construyó una relación íntima única con su Dios. Es multicultural. Tiene en ella las lenguas de todo el mundo. Es el rostro del mundo antiguo y moderno, todo en uno. Su forma está perfectamente diseñada para llevar las prendas más hermosas que el dinero puede comprar.

Ella sabe cómo entretener. Es humildad y majestuosidad por igual. Conoce la guerra y la paz. Es la más talentosa del mundo entero. La productora de las mayores habilidades, dones y talentos buscados en todo el mundo.

Muchos desean ser como ella y conocerla. Quieren vivir con ella, ser como ella, y están dispuestos a dejar su propia tierra para vivir con ella en su tierra con la esperanza de ser aceptados algún día como ciudadanos. Es muy poderosa, pero también muy acogedora. Es muy culta y, sin embargo, representa a los que quizá nunca reciban una gran educación. Está dispuesta a ayudar a los demás. A pesar de ser conocida por su belleza, también es conocida por su democracia, por ensuciarse las manos y por su tenacidad para empezar de la nada sin la suficiente reserva para no hacer su viaje. Es como una persona que corre por su vida. Dejó su propia tierra para empezar una nueva vida. Ama la libertad. Dejó su casa y buscó la libertad. La libertad de vivir una vida hermosa sin miedo ni estar obligada a estar en ninguna religión en contra de su voluntad. Comenzó una relación con el Dios Todopoderoso.

Si miramos hacia atrás en su vida, fue maltratada. Estaba limitada en sus logros por ser mujer. Aprendió a conocer a su Dios y comenzó a adorarlo no solo como religión sino como una relación. A través de su relación, superó todos los miedos y obstáculos. Sabe lo que es estar sin hogar y sola, sin poder volver a casa sin perder su dignidad. Sufrió enfermedades y dolencias. Se pensó que iba a fracasar y que volvería al lugar de donde vino con vergüenza. Pero, contra todo pronóstico, mantuvo su rumbo. Se hizo de una nueva tierra sin conocer su propia dirección. Ni siquiera sabía cómo llamarse a sí misma. Sufrió una crisis de identidad. Dios la protegió contra la guerra y la enfermedad, aunque estas cosas eran inevitables, Dios le dio su favor. Tuvo el favor de Dios y de los hombres. Aprendió a vivir a través de sus luchas entendiendo que con Dios todo es posible. Encontró ayuda en su nuevo lugar de residencia.

¿Qué debemos hacer por aquellos que nos han ayudado y que no se parecen a nosotros? Son amables y serviciales. Parecemos diferentes por fuera, pero de alguna manera, parece que somos iguales. Desde la base de esta nueva tierra es capaz de sobrevivir.

Con tantos desafíos, aprende a rezar por sí misma. Algunos días se siente sola por su hogar; el único lugar que conoció.

Echando de menos las tradiciones del hogar y de la familia, se ve obligada a emprender sus propias tradiciones a partir de sus experiencias. Echaba de menos el aspecto de las catedrales y los templos, los lugares de culto, no tener un sacerdote en este mundo nuevo y desconocido, y tener los cimientos puestos en ella desde su tierra natal; esto es muy diferente. Se enfrenta al reto de tener que conectar con el Dios que lleva dentro. Está aprendiendo una nueva fuerza sobre sí misma. Si Dios está conmigo, tendré éxito. Al tener la libertad de adorar a Dios sin ninguna influencia, esta fue su oportunidad de conocer a Dios por sí misma. Este fue el comienzo de una nueva nación, pero de alguna manera en las conversaciones se describe como una mujer. Porque todos los dones y atributos de la mujer serán necesarios para que esto suceda.

Sin sus habilidades no tendremos otro recurso que volver a Europa. La vida depende de la mujer para dar a luz, la vida misma en un nuevo lugar llamado "El Nuevo Mundo", que viene de Europa y representa a la Reina más que cualquier otro ser de poder en el mundo. La mujer ha visto su parte de abusos y luchas de las mujeres de poder en las dinastías europeas a través del ascenso y caída de muchos reyes y líderes, utilizando a las mujeres para hacer milagros cuando todo lo demás fallaba, y teniendo a las mujeres para rezar por el cambio solo para negarle un ascenso cuando dicho cambio llega. Ella debe guardar silencio y estar agradecida cuando las cosas van bien, pero se la llama cuando se desata el infierno. De alguna manera, cuando se la llama, nunca falla; la amenaza se disipa. Tal vez en este nuevo mundo la mujer podría ser perdonada de la carga del Jardín del Edén y de Eva (La Madre de todos los Vivientes).

¿Será posible que en este nuevo comienzo se la respete por su duro trabajo y sus contribuciones a esta gran empresa? Ya estamos otra vez: nuevo lugar, lo mismo. Ahora se enfrenta a brotes, enfermedades, disputas, guerras, violaciones y abusos en casa y a distancia. ¿De dónde le viene la fuerza, salvo que sabe que, de alguna manera, es mayor que ella misma? ¿Cómo es que cuando llegan los problemas se depende de ella para sobrevivir, pero cuando las cosas cambian debe guardar silencio? Ella es la voz en privado que gana las guerras en público. ¿Cómo es que este nuevo mundo la trata igual que el viejo? Ella no vino aquí para esto. Algo debe cambiar. Cuanto más se le ponga cara a este Nuevo Mundo y se le dé cabida en la sociedad, menos posibilidades tendrá de ser escuchada, y no solo de ser vista.

¿Por qué se me muestra al mundo entero como hermosa pero no tengo voz? "Visto pero no escuchado" es el plan de alguien para ella y le duele ser escuchada. Sabe qué es su voz y su consejo en privado lo que trae la victoria y la resolución en público. Es ella y el Dios que hay en ella lo que guía a través de los problemas. Sé la utiliza constantemente, pero no sé la respeta abiertamente. Desesperados, algunos han recurrido al mal tras sentirse atrapados. ¿Dónde está su respeto en el proceso de decisiones?

El libro de Apocalipsis habla de Lucifer, Satanás y Jezabel para el final de los tiempos. El falso Profeta (predicador, maestro, pastor y líder) es muy importante para estos tres en los últimos días porque su trabajo es engañar a través de la religión y la política. Jezabel nunca puede estar satisfecha no importa cuánto le des o hagas por ella...nunca es suficiente ni puede serlo. Ella es una consumidora que comenzó como productora, impulsada por la codicia, nunca por la necesidad. Jezabel es descrita como el espíritu que es la fuerza impulsora de una nación que será utilizada por el Anticristo para establecer su reino en la tierra. Jezabel comenzó como una esposa y se convirtió en una puta, pero no con los hombres. Ella nunca engañó a su marido con su cuerpo, pero en su mente, con la vanidad y las cosas materiales, ella siempre estaba teniendo una aventura con el dinero... esto se llama, "Prostitución". Esta es la peor clase de puta porque ella es ciega a su estado y se cree exitosa. Mientras estaba comprando una cosa su mente ya estaba en comprar otra, mientras recibía un regalo de una persona, ya estaba pensando en quién más iba a bendecirla o traerle otro regalo.

Esta se había convertido en su forma de vida normal: ¡nunca estaba satisfecha y siempre perseguía cosas! Estaba tan engañada que creía que esa era la forma en que la gente debía vivir. Pero el problema era que estaba absorta en sí misma. No quería que nadie en su círculo hiciera nada más que adorarla y servirla a ella y a sus deseos. Es la más egoísta y egocéntrica de todos los seres. Matará los sueños de todos para mantener los suyos propios; también te saboteará mientras finge ser tu mayor apoyo y consejero. ¡Cuando mires a tu alrededor, verás que Jezabel es y siempre ha sido el "Cáncer" de tu Destino! La nación que sirvió a (EL) Dios, pero ahora sirve a muchos dioses, es esa nación... la ramera descrita en el capítulo 18 de Apocalipsis. El espíritu de Jezabel será muy instrumental en el cumplimiento de esta profecía. "Ella es una reina y no es viuda y no verá dolor, así que de la riqueza de la esclavitud, la injusticia y la sangre inocente". La sangre clama a Dios preguntando cuánto tiempo pasará antes de que sean vengados. No importa la fantasía, a los esclavos no se les dará poder para vengarse, no sea que sean juzgados con ella, porque ahora los esclavos con su libertad se han vuelto tan malvados como los amos de antaño. ¿Quién es nuestro padre? Esa es la cuestión. Buscaremos complacer a nuestro padre, sea quien sea. Nuestras acciones son una prenda para él; porque el libro de Apocalipsis la llama "Hermosa". Dios tendrá una mujer en el asiento como "CEO" de esa nación antes de que la destrucción golpee como para honrarlo.

Ella es llamada, "Misterio Babilonia la Grande". Porque en una hora su juicio ha llegado. Una hora en el tiempo de Dios es "60 años". Desde 1968 hasta ahora 2021, Dios ha estado esperando una disculpa. ¡Tenemos siete años más antes de que nuestra hora se acabe!

La Nueva Babilonia es Babilonia la Grande-la ciudad que se sienta sobre aguas de mayo.

Capítulo 14: América la Bella

Esta mujer será la más grande gobernante jamás vista en nuestro mundo moderno. ¡Su Grandeza será la Gloria de Dios no vista por muchos siglos! Cuanto más confíe en Dios en sus decisiones, más poder se le dará. Su obediencia a Él es la clave de su éxito histórico y de sus logros sin precedentes. Esto tendrá un precio: los celos de los demás, pero nadie podrá tocarla ni hacerle daño porque la Tierra la ayudará; ¡Dios se lo ordenará! El favor y la sabiduría de Dios están con ella. Él vendrá a ella en sueños y visiones. ¡Ella ya tiene parte de la visión ahora mismo! No puede explicarlo del todo, pero sabe que ha sido elegida por los cielos y el Dios del Universo para asumir esta misión. Ha sido preparada desde su propia existencia para este momento, orquestado por la Eternidad. Toda prueba que se le hizo fue monitoreada y calificada para la corona.

Ella será honrada como los grandes de los días de antaño. Nosotros, hoy en día, no somos una cultura de reyes y reinas, pero habrá tal reverencia para esta mujer porque ella tendrá respuestas y soluciones que ningún líder ha tenido desde la antigua historia bíblica. Ella tendrá los mayores logros hasta la fecha. El mundo cooperará con ella por órdenes de Dios

Todopoderoso. Dios la ha equipado con todo lo que necesita al alcance de su mano. Ella no se deja mover fácilmente o persuadir tontamente. Ella sabe quién es y de quién es. Ella no es la figura pública de la religión porque ella es de mente de reino y tiene una relación personal con Dios. Cuando fue golpeada con problemas que deberían haberla enviado a su desaparición, desechó el consejo de hombres y mujeres (un consejo muy sabio) y eligió a su Consejero para tener la última palabra, ¡y Él lo hizo! Cuando obedeció a Dios en esta situación, fue el comienzo de la sabiduría para ella, como una versión femenina del Rey Salomón. Su sabiduría es una insignia de honor.

Ella es la vasija elegida de la mayor profecía que jamás se haya cumplido. Sin ella no podemos hacer esto. Ella no es parcial ni tiene prejuicios, sino que es justa. Ella es para todas las razas alrededor del mundo, pero muy centrada y sabia en casa. ¡Lucifer y su alter-ego, Satanás, ¡está trabajando en el reclutamiento de una mujer para sus logros de convertirse en el más mortal de todos los seres vivos! ¡Por eso debemos estar atentos a esta transición! "No hay nada nuevo bajo el sol". Lucifer es el maestro de los ángeles caídos, mientras que Satanás es el maestro de los espíritus demoníacos. Ambos espíritus operan en el orgullo, el odio yla rebelión contra Dios. Lucifer es un maestro del engaño y es muy carismático. Satanás es muy descarado, egoísta, y no le importa lo que pienses de él. Es egoísta y está decidido a ganar. Ni Lucifer ni Satanás tienen el don del arrepentimiento nunca se equivocan ni se disculpan; no está en su naturaleza. La señal de alguien que opera en este espíritu es que no se arrepentirán o se volverán de su maldad ellos carecen de la habilidad para hacerlo. Ellos nunca tomarán la responsabilidad de cualquier maldad o querrán disculparse por algo. Tienen demasiado orgullo para hacerlo. No importa cuántas vidas destruyan, siempre tendrán una justificación. Lucifer le demostró a Dios mientras estaba en el cielo donde estaba y sigue estando su lealtad en las riquezas, el poder, los títulos y la posición. A él no le importaba Dios-solo las cosas de Dios.

Esta es la razón por la que Jesús vino en la forma que lo hizo. El Templo estaba lleno de enemigos de Dios que se hacían pasar por sacerdotes que amaban al Señor. Dios vino en la pobreza para probar los corazones de toda la humanidad. Imagina tener todo el poder, y ser el Creador de todas las cosas y de la vida. De todas las cosas, Dios elige venir como un pobre artesano. Fue el primer "jefe encubierto". Si el mundo hubiera sabido quién era, habrían fingido interesarse por él y por su misión. ¿Imagina cuántos buscadores de oro le habrían hecho la pelota? Mira como el Sacerdote en el templo de Dios lo odiaba. Ellos sabían que estaban en esto por el dinero, no por la gente. Jesús realmente se preocupaba por la gente y esto los hacía quedar mal.

Ellos conspiraron a propósito para que lo ejecutaran. Para toda la gente acusada falsamente por "los poderes fácticos" por cualquier razón, el HIJO DE DIOS TE PUSO. ¡NO HAY DESCANSO EN PAZ! Lucifer hiló esa mentira. No se puede levantar el infierno y luego ir a algún lugar y descansar para siempre. Jesús dijo a sus victimarios: "Me verán a la derecha del poder de Dios. Verás a Abraham, Isaac y Jacob, pero no te sentarás a la mesa con ellos, sino que serás arrojado a las tinieblas eternas y a la condenación. Habrá llanto y crujir de dientes".

Reflexiona sobre esto, si Jesús (Yashua) no es el Hijo de Dios, entonces ¿quién era? Este hombre no vino a este mundo haciendo gala de su poder y riqueza. Básicamente se escondió entendiendo a la gente común y sus luchas diarias. Cuando comenzó su ministerio fue capaz de relacionarse con nosotros (nuestra humanidad). ¿Cómo pudo un hombre que fue acusado falsamente por (los líderes religiosos) los fariseos, condenado y ejecutado por muchos crímenes, y entregado a los romanos para cumplir la orden? En ese momento, Israel no era una nación autónoma, por lo que no podían llevar a cabo la orden por sí mismos. A su vez, en última instancia, manipularían el gobierno para matarlo. La última vez que Jesús estuvo en el templo, les profetizó antes de su arresto diciendo: "No volveréis a verme hasta que aprendáis a gritar bendito es el que viene en nombre del Señor, este templo será destruido y no quedará una piedra sobre otra". Alrededor del año 50 d.C. Jerusalén estaba sitiada y el templo fue destruido. No solo esto, sino que más tarde el gobierno romano cambió el tiempo como lo conocemos. Ellos comenzaron el tiempo de nuevo en honor a este hombre que había escogido a 12 hombres para ser sus seguidores bajo el reinado y gobierno de estos dos emperadores: Julio Cesar y Augusto Cesar. Durante los días de Jesús en la tierra 10 meses formaban nuestro año calendario y cada 3 años y 1/2 medio a 5 años el calendario tendría que ser ajustado para encontrarse con el sol y la luna. Estos hombres que eran temidos por la mayor parte del mundo conocido usaron su poder para cambiar el mundo para siempre. Ellos ajustaron los calendarios añadiendo 2 meses más, "Julio (Julio) y Agosto (Augusto). Todo antes de Jesús será B.C. (Antes de Cristo) y todo después de Él se llamará A.D. (*AnnoDomini*, que en latín significa "en el año del Señor"). ¿Por qué estos dos hombres de la mayor potencia del mundo, considerados por el pueblo hebreo o israelita (judíos) como infieles o gentiles, utilizarían su tiempo para gobernar para volver a empezar el tiempo en honor a un judío? ¿Por qué los europeos darían un momento histórico tan monumental en el tiempo para honrar a este pobre hombre? ¿Por qué no dejar ellos mismos este legado y honor para la historia de los logros romanos? ¿Recuerdan cuándo nuestros calendarios decían "1968 en el año de nuestro Señor"?

Solo hay UNA explicación, Jesús de hecho fue y es el verdadero Hijo de Dios que vino a este mundo para terminar su obra y salvar a su pueblo. Su sangre era necesaria para completar el suero-para separar el bien del mal, el amor del odio, la verdad de la mentira, la vida de la muerte, y encontrar la cura al mayor brote y pandemia del cielo, que era el "¡PECADO!"

Este mismo Jesús que resucitó de entre los muertos visitó a su discípulo-apóstol Juan en la isla de Patmos y le mostró el futuro. El libro del Apocalipsis le fue mostrado a Juan y se le instruyó para que escribiera lo que veía, no para que lo analizara, sino para que simplemente lo escribiera. En este mismo libro es donde encontramos la llegada del juicio de la gran ramera que se sienta sobre muchas aguas. Como ella es capaz de seducir al mundo entero y comete fornicación con los reyes (líderes poderosos). Los de la tierra están borrachos de su Kool-Aid.

Sobre su cabeza estaba escrito:

"MISTERIOSO BABILONIA LA GRAN MADRE DE LAS RAMAS Y LAS ABOMINACIONES DE LA TIERRA ".

Vi a la mujer, ebria de la sangre de los santos y de la sangre de los mártires de Jesús. Vi una bestia que llevaba a la mujer y a los que se "MARAVILLARÁN"; cuyos nombres no estaban escritos en el Libro de la Vida desde el principio del mundo. Hay reyes y reinos que darán su poder a esta bestia. Ellos están trabajando juntos y harán guerra con el Cordero y él Cordero los vencerá. Él es Señor de señores y Rey de reyes. Cuidado con el Chivo y las cabras porque la biblia describe su rebelión contra el derecho y la voluntad divina de Dios. Jesús en el día tendrá Sus Santos Ángeles con Él, y separará las Cabras de las ovejas. Las ovejas serán puestas a Su derecha y las cabras a Su izquierda. Las ovejas entrarán en la vida eterna, en la alegría y en la paz, pero los cabritos serán arrojados a las tinieblas exteriores y a la condenación junto con Satanás y sus seguidores; allí será el llanto y el crujir de dientes (Mateo 25:31-46). ¿A quién sigues y a dónde te llevan? Ten cuidado de no permitir que la gente se enorgullezca de que te llamen una CABRA. ¡Cuidado con las cabras y los lobos!

El agua donde se sienta la Ramera tiene pueblos, multitudes, naciones (muchas razas) y lenguas (muchos idiomas). La bestia tenía diez cuernos y estos representan a las naciones que odian a la ramera, y la hacen desolada y desnuda, comen su carne y la queman. Porque Dios ha puesto en sus corazones que cumplan su propósito, que sean de un mismo parecer, y que entreguen su reino a la bestia, hasta que se cumplan las palabras de Dios. Y la mujer que has visto es esa gran ciudad que reina sobre los reyes de la tierra.

Después de estas cosas vi a otro ángel que descendía del cielo, con gran autoridad, y la tierra fue iluminada con su gloria. Y clamó poderosamente con gran voz, diciendo: "Ha caído la gran Babilonia, y se ha convertido en morada de demonios, en cárcel de todo espíritu inmundo, y en jaula de toda ave inmunda y aborrecible. Porque todas las naciones han bebido del vino de la ira de su fornicación, los reyes de la tierra han fornicado con ella, y los mercaderes empresarios se han enriquecido con la abundancia de su lujo."

Y oí otra voz del cielo que decía: "Salid de ella, pueblo mío, para que no recibáis de sus placas. Porque sus pecados han llegado hasta el cielo, y Dios se ha acordado de sus iniquidades. Dadle a ella lo mismo que ella os dio a vosotros, y pagadle el doble según sus obras; en la copa que ella ha mezclado, mezcladle el doble". En la medida en que ella se glorificó y vivió lujosamente, en la misma medida dadle tormento y dolor; porque ella dice en su corazón: "Me siento una reina, y no veré dolor." Por lo tanto, sus plagas vendrán en un día: muerte, luto y hambre. Y ella será completamente quemada con fuego, porque fuerte es el Señor Dios que la juzga. El mundo llorará su caída. Los reyes de la tierra que cometieron fornicación y vivieron lujosamente con ella llorarán y se lamentarán por ella cuando vean el humo de su incendio, manteniéndose a distancia por temor a su tormento, diciendo: "¡Atlas, ay, esa gran nación Babilonia, esa poderosa nación! Porque en una hora, sesenta minutos (60 años) ha llegado su juicio". Los hombres de negocios del mundo llorarán y se lamentarán por ella, ya que nadie comprará su carga; no tienen a nadie que compre su mercancía porque ella se ha ido. El fruto que su alma anhelaba, incluso las almas de los hombres, se han ido de ella, y todas las cosas ricas y espléndidas se han ido de ella, y no las encontrarán ya en absoluto. Los mercaderes y los dueños de negocios de estas cosas, que se enriquecieron con ella, se mantendrán a distancia por temor a su tormento, llorando y lamentándose, y diciendo: "¡Ay, Atlas, ¡esa gran nación que estaba vestida de lino fino, púrpura y escarlata, y adornada con oro y piedras preciosas y perlas! Pues en una hora tan grandes riquezas se redujeron a la nada". Todos los capitanes de barco, todos los que viajan en barco y comercian con mercancías, los marineros, los aviadores, los pilotos, los camiones y otros tantos que comercian por mar y por aire, se pusieron a distancia y gritaron al ver el humo de su incendio, diciendo: "¿Quién es como esta gran nación?"

Se echaron polvo en la cabeza y gritaron, llorando y lamentándose, y diciendo: "Atlas, ay, esa gran nación, en la que todos los que tenían barcos y aviones que comerciaban con ella lloraban al ver el humo de su incendio, "¿Qué nación era como la gran Nación?""

Grandes y poderosos pueblos de todo el mundo la ven arder con incredulidad. Esta noticia está en todas partes a la vez. Todos los dispositivos, y el INTERNET se está estrellando. Nunca hemos visto a hombres de todas las razas y lenguas llorar por ella, incluso a sus enemigos porque alimentó a sus familias y los hizo ricos, concediéndoles toda clase de oportunidades. Porque en una sola hora ha sido arrasada. "Alégrate por ella, oh cielo, y vosotros, santos, apóstoles y profetas, porque Dios ha dictado sentencia por vosotros contra ella".

Luego, un ángel poderoso tomó una piedra como una gran piedra de molino y la arrojó al mar, diciendo: "Así será derribada con violencia Babilonia, la gran ciudad, y no se encontrará más; y el sonido de la música, el club y los músicos no se oirán más en ti, y el sonido de la construcción y cualquier habilidad no se encontrará más en ti, las luces se apagarán y no se verán nunca más en ti, no se oirá más la voz del novio y la novia, no se oirán más las bodas, porque los hombres de negocios y los comerciantes eran los grandes de la tierra. Todas las naciones fueron engañadas por tu hechicería. Y en ella se encontró la sangre de los profetas y de los santos, todo aquel que intentó advertirla de sus pecados fue asesinado en sus calles, colgado y maltratado, asesinado sin justicia a la vista. En ella se encuentra la sangre de todos los profetas y santos porque es una nación de todos los pueblos de todo el mundo, Dios consideró oportuno hacerlo así. Juzgando a una nación que puso las manos sobre sus profetas en todo el mundo".

Después de esto oí lo que parecía ser la fuerte voz de una gran multitud en el cielo, gritando: "¡Aleluya! La salvación, la gloria y el poder pertenecen a nuestro Dios, porque los juicios son verdaderos y justos; porque él ha juzgado a la prostituta que corrompió la tierra con su inmoralidad, y vengó con su sangre a sus siervos." A los que no tienen poder para defenderse, Dios los tiene a ustedes. Él no es débil, sino paciente y misericordioso, pero ella no se arrepiente, ¡incluso cuando Dios estaba callado mientras ella se volvía loca! Una vez más gritaron: "¡Aleluya! El humo de ella sube por los siglos de los siglos". Y los veinticuatro ancianos y los cuatro seres vivientes se postraron y adoraron a Dios, que estaba sentado en el trono, diciendo: "¡Amén! Aleluya". Y desde el trono salió una voz que decía: "Alabad a nuestro Dios, todos sus siervos, los que le teméis, pequeños y grandes". Entonces oí lo que parecía el rugido de muchas aguas y el sonido de poderosos truenos, que gritaban: "¡Aleluya! Porque el Señor, nuestro Dios, el Todopoderoso, reina. Alegrémonos y exultemos y démosle gloria, porque han llegado las bodas del Cordero, y su Esposa se ha preparado; se le ha concedido vestirse de lino fino, brillante y puro", pues el lino son las obras justas de los santos. Y el ángel me dijo: "Escribe esto: Bienaventurados los que son invitados a la cena de las bodas del Cordero". Y me dijo: "Estas son verdaderas palabras de Dios". Entonces me postré a sus pies para adorarle, pero él me dijo: "¡No debes hacer eso! Soy consiervo tuyo y de tus hermanos que tienen el testimonio de Jesús. Adora a Dios". Porque el testimonio de Jesús es el espíritu de la profecía.

Como creyentes y cristianos estamos muy equivocados al decir: "Descansa en paz". ¿No podemos ver que se trata de dos seres de diferentes mundos teniendo una conversación y claramente el ángel está diciendo que soy un siervo contigo? Tu eres un testigo y has sido elegido para escribir estas cosas para la futura iglesia para que puedan creer cuando estas cosas sucedan. Juan vio hace más de 2,000 años tecnología que era inexplicable. Por ejemplo, el mundo entero vería la ciudad ardiendo al mismo tiempo. El mundo entero vería al mismo tiempo. ¿Cómo? No podía explicarlo. La gente, durante siglos, pensó que esto era ridículo. Pero esta generación es testigo de ver las cosas en todo el mundo a través de INTERNET; las redes sociales son algo normal para nosotros.

¡JESÚS ES REAL! ¡EL CIELO ES REAL! ¡EL INFIERNO ES REAL! ¡LA VIDA DESPUÉS DE LA MUERTE ES REAL! ¿ESCUCHAS EL DUÓLOGO DE JUAN Y EL ÁNGEL? EL ÁNGEL ES DE LA ETERNIDAD TENIENDO UNA CONVERSACIÓN CON JUAN QUE ESTÁ EN LA TIERRA. AL ÁNGEL SE LE DA UNA CUENTA DE AQUELLOS QUE HAN PASADO AL CIELO PERO DIOS NO HA OLVIDADO CÓMO FUERON TRATADOS Y MURIERON MIENTRAS ESTABAN EN EL TIEMPO. SU VENGANZA ESTÁ EN LA LÍNEA DE SANGRE DE AQUELLOS QUE HAN PASADO Y ESTÁN EN EL INFIERNO (LA CÁRCEL EN

LA ETERNIDAD ESPERANDO SU FECHA DE JUICIO) MIENTRAS QUE SUS DESCENDIENTES TODAVÍA ESTÁN CRIANDO EL INFIERNO EN LA TIERRA, ENGAÑADOS PENSANDO QUE NO HAY RESPONSABILIDAD O JUICIO.

Hay innumerables personas que desearían tener un pase como el del ángel mensajero de Juan para venir a la tierra a advertir a sus familiares y amigos del lugar en el que se encuentran. Reglas; ¡nada de visitas! Si das tu último suspiro y te encuentras con una reserva, puedes despedirte de tu trasero y ¡buen viaje! Una vez que se te asigna tu lugar de detención, tienes que esperar la fecha oficial de tu corte para presentarte ante el "Juez Justo" y su Trono Blanco. ¡El verdadero Tribunal Supremo! Va a hacer que nuestros tribunales parezcan una sala de juegos de jardín de infancia.

¡La verdadera Corte Suprema gobernada por el Único y VERDADERO Dios Supremo Todopoderoso!

Durante esta generación estamos siendo testigos de un cambio en el mundo entero. Hay una necesidad desesperada de cambio y grandes expectativas en espera de algo mejor. Dios ha estado algo callado desde 1619 hasta 2019... cuatrocientos años. He aprendido que los caminos de Dios realmente no son como los nuestros. Diez generaciones Dios ha estado recibiendo a su pueblo, o debería decir hijos. Es como si la tierra estuviera en dolores de parto dando a luz a muchos bebés. A pesar de todo el dolor y las angustias esos santos fueron directamente a casa con su Padre Celestial. Muchos se sorprenderán cuando mueran y tomen su último aliento aquí en la tierra, y entonces abrirán sus ojos en el otro lado y ¡ninguno de nosotros puede llevarse nuestro color de piel con nosotros! Otra mentira que el diablo ha inventado. Te llevas tu alma, tu corazón, y recibes un nuevo cuerpo (casa). Lo que más odias en la tierra si vas al infierno es en lo que te encuentras mientras esperas ir al juicio. Si odias a los blancos, estarás confinado en la piel blanca, tendrás un espejo en tu celda que no se puede romper. Si odias a los negros, te encontrarás atrapado en la piel negra hasta que vayas a juicio. ¡Todo lo que hayas hecho sin arrepentirte es PECADO! Y será interpretado en esa corte y tendrás testigos de tu tiempo en la tierra para testificar de tus acciones. Quienes fueron asesinados y abusados estarán en la corte como Jesús. Lo que significa que después de su muerte y resurrección el mantuvo los cinco agujeros puestos en su cuerpo a propósito como evidencia, pero ya no dolerá. Será su día en la corte que se le negó en la tierra debido a un trato injusto y un sistema en su contra. Los casos serán juzgados, pero lo más importante es que el corazón estará en juicio. Por eso el arrepentimiento es tan importante. Jesús nos dio una salida. Un acuerdo de culpabilidad. ¡Acepta el trato!

¡Arrepiéntete mientras tienes tiempo y una oportunidad! El arrepentimiento es una declaración de culpabilidad pero a cambio de que se retiren todos los cargos... ¡caso desestimado!

Dios es el que puso al Sr. Donald Trump como presidente durante el tiempo que estuvo en el cargo. Fue impactante para mucha gente cuando ganó, muchos creyeron entonces que era un fraude de los votantes. Pero Dios usó a este hombre para sacar a la luz cosas en Estados Unidos y en los estadounidenses que pensábamos que habíamos superado. Dios puso a Donald Trump como jefe y comandante para despertar a América. Las libertades que muchos de nosotros dábamos por sentadas de repente se han vuelto tan frágiles. ¿Qué tal la libertad de ir a la tienda sin máscaras? ¿Enviar a nuestros hijos a la escuela o incluso ir a trabajar, o levantarnos y dar un paseo por el parque el fin de semana? ¿Qué tal ir al gimnasio a hacer ejercicio? Cuando los restaurantes y los centros comerciales cerraron, se acabó, y luego se prohibieron las vacaciones y los viajes o se impusieron restricciones. Ahora no podemos ir a la iglesia ni a los partidos de fútbol. Los días festivos se convirtieron en días solitarios, tratando de averiguar cómo ser social, cariñoso y seguro. Dimos por sentados muchos valores, nos quejamos de casi todo y perdimos lo más importante. Todo el mundo se ha visto afectado por esta presidencia y todavía no hemos salido del apuro. Se necesitó una persona que no fuera un político para romper el molde de este país y exponer la hipocresía. No era ni es políticamente correcto ni mucho menos. 20/20 significa visión perfecta, pues bien, Dios utilizó el año 2020 para corregir nuestra visión como nación. Para ponernos nuestras gafas espirituales y descubrir lo mucho que no hemos visto. Yo llamo al 2020 el año de la visión correctiva. El hecho de que no lo hayamos visto no significa que no esté ahí. Estamos divididos por tantas cosas. "Una casa dividida no puede permanecer". Jesús dijo esto. También dijo: "Si Satanás echa a Satanás, entonces su reino está dividido y no puede permanecer". Bueno, hemos visto por primera vez en nuestra vida, a Satanás expulsando a Satanás. Este país está dividido casi por la mitad. El pueblo ha hablado. Dios permitió que estas cosas sucedieran para la profecía del tiempo del fin. El COVID-19 es una tragedia para nosotros como país, especialmente con más de 600.000 vidas americanas perdidas. A los que llegaron al cielo, confíen y crean que ahora no quieren volver nunca. El mundo nos observa para ver cómo vamos a manejar todo esto. Tenemos que admitir que necesitamos la ayuda deDios.

Incluso con una cura para el COVID-19, ¿dónde está la cura para el odio? ¿Dónde está la respuesta para nuestra Capital? Tenemos tantos problemas no solo en Estados Unidos sino en todo el mundo. Nosotros como la iglesia debemos arrepentirnos primero y mostrar al mundo como sufrimos de un poco de ceguera al igual que los fariseos. El juicio comienza en la casa de la fe. Se supone que debemos ser los ejemplos del reino y la justicia enraizada en el amor. Lo que es triste es que tenemos evangélicos encubiertos que son más políticos que reino y justicia. Estamos teniendo iglesia, pero albergando odio y división. ¿Dónde está la iglesia? Doce hombres pusieron este mundo patas arriba porque no estaban jugando a la política o a la iglesia; tenían una mentalidad de reino, entendiendo que no importa cuántos años estemos en esta tierra, vamos a dar cuenta de lo que decimos, no decimos, y de lo que hay en nuestros corazones. Ningún corazón puede esconderse de Dios. "El camino del hipócrita perecerá". Bueno, ¿adivinen qué? Perecerá porque lo estamos dejando todo al descubierto.

Sin embargo, si queremos una verdadera curación, tenemos que dialogar y dejar de fingir que no tenemos nada que ver con el pasado. Oigo hablar de AVIVAMIENTO: ¡no hay posibilidad de avivamiento sin ARREPENTIMIENTO!

¡Dios es justo! ¡No podemos seguir escondiéndonos detrás de la ropa bonita, los coches, las casas, el dinero y la comida mientras el cielo está alborotado! Dios nos está mostrando que nuestro tiempo se acabó por ser políticamente correctos o hipócritas como los fariseos. Dios incluso cerró las iglesias para llamar la atención de los pastores y ¡algunos siguen usando las redes sociales para mostrar su vanidad! Las cuentas de los medios sociales de algunos pastores y líderes religiosos testificarán en su contra en la corte de Dios al igual que los que penetraron en la Capital. ¡Dios está tratando de decirnos algo más que algo! Lo diré: "¡Arrepiéntanse!"

¡Jeremías no estaría tratando de ser el amigo de todo el mundo mientras lo pone a él y a Dios en el exterior! Esto me hace creer que solo porque asistimos a la iglesia, no significa que seamos la iglesia y definitivamente no el reino. Jesús nos dijo que predicáramos el evangelio del reino. Se supone que somos el conducto por el que el reino debe venir. Cuando se trata de política, dejamos a Jesús a un lado para apoyar a nuestros partidos políticos, pero yo digo que necesitamos al Señor con nosotros para orar por ellos y ser un ejemplo. Pero tenemos demasiados pastores y líderes que son pardos y adoran al presidente. ¿Cómo puede recibir ayuda si los profetas no son honestos? ¡Los profetas ungieron a los reyes, ahora tenemos profetas que quieren tomarse fotos con el presidente en lugar de ayunar y orar para obtener una palabra verdadera para nuestros líderes en Washington y en toda esta gran nación como la llamamos! Si amas a Dios y a tu país, entonces será mejor que nos pongamos las pilas y nos unamos porque nuestros enemigos no nos van a ayudar a arreglarlo ni a sanar. Como nación y pueblo, necesitamos volver a Dios y admitir que necesitamos su ayuda y que estamos equivocados, dentro y fuera de la iglesia. Dios usó a José para salvar tanto a la iglesia como al mundo. ¡Ambos necesitaban ser salvados y nosotros también!

El apóstol Pablo no tendría tiempo para tonterías, y por eso sus escritos son lo que son, porque la iglesia se estaba perdiendo incluso en su época. Los pastores están vendiendo sus coronas por seguidores, salir a comer, ropa, títulos y atención... y selfies. ¿Quién hubiera creído que esto era hace apenas 60 años? La gente que se sacrificó tanto por nosotros no creería lo que le ha pasado a nuestra nación. ¿Cómo hemos podido retroceder? ¿Cómo podemos llamarnos una nación temerosa de Dios y ser tan odiosos? Algo nos ha pasado. "Tenemos una forma de piedad, pero negamos el poder". El poder es el amor. ¿Qué nos ha pasado? Todo el mundo nos dice lo que queremos oír, pero las verdaderas conversaciones son las que ocurren a puerta cerrada después del trabajo, y después de la iglesia, especialmente después del servicio de adoración. ¿Cómo puede una nueva generación cargar con tanto odio? ¿Cómo podemos decir que amamos a Dios y odiar a nuestros hermanos y hermanas por el color de la piel o la preferencia sexual o la denominación?

América nació de la desesperación de necesitar a Dios. Ella no comenzó siendo hermosa en absoluto. Nadie quería ser ella al principio. La realidad es que el mundo no pensó que ella duraría tanto como lo hizo en este lugar extraño, esta tierra desconocida. Era tan humilde al principio.

América la Bella, ¿dónde estás? Así que incluso en la iglesia somos políticamente correctos al tolerarnos unos a otros cuando nuestro Señor nos ordena amarnos unos a otros. Si nos odiamos en el tiempo, entonces definitivamente nos odiaremos en la eternidad. Por eso Dios nos separará en última instancia y no será por el color de nuestra piel, sino por el contenido de nuestro carácter. Es lo que escondemos lo que Dios va a juzgar. Son esas palabras que decimos y que pensamos que nadie fuera de nuestros pequeños círculos va a escuchar, eso es lo que Dios va a tocar en su sala ese día. Cuando estableció su primera independencia, honró a Dios con su dinero. "En Dios confiamos" está en el reverso de su primer billete de un dólar. Sin Dios, ella no sería nada. Las probabilidades siempre estuvieron en su contra a través de las guerras, las enfermedades, el odio y los complots del enemigo a nivel mundial. No cabe duda de que fue Dios quien la ayudó a mantenerse en pie y a prosperar como líder mundial.

Hay que reconocer el fin de una era. Cuando una era llega a su fin no hay nada más que hacer que cambiar y ponerse al frente de la nueva era y, por Dios, no intentes detener el progreso, porque si es así, te encontrarás en el extremo equivocado del cambio y te quedarás atrás. Es difícil cuando has hecho las cosas de una manera determinada durante mucho tiempo, pero demasiado tiempo puede ser peligroso. Las cosas siempre están cambiando. Tenemos que tener el discernimiento de ver el cambio que se avecina y ser estratégicos para ganar. Queremos ser aliados del progreso, no el enemigo. Hubo un tiempo en que los caballos y las calesas eran el medio de transporte más común. Era el tiempo y la época del caballo y de todo aquel que se dedicaba a rodear al caballo, desde herreros, herraduras, monturas, etc. Pero cuando el coche llegó a la vista la era para el caballo como el principal modo de transporte estaba llegando a su fin. Los que estaban en el negocio de los caballos y las calesas veían al coche como el enemigo o la amenaza, y luchaban contra su progreso y su llegada a su escenario. Aunque era inevitable que la era del caballo llegara a su fin, los que estaban en el negocio lo veían como si estuvieran llegando a su fin. El caballo no llegó a su fin, ni tampoco las personas que tenían caballos, pero sí el comercio y el valor del caballo para el comercio, así que lo inteligente sería abrazar el cambio inevitable a punto de dominar; que es el automóvil.

Lo más fácil es conseguir que los que tienen caballos y/o se dedicaban al comercio de caballos se conviertan en enemigos de los coches y de los fabricantes de coches. Al principio habrá más gente por cómo eran las cosas antes que por dónde van. El cambio es inevitable, ya sea bueno o malo. Tienes a los que luchan una batalla perdida y la mayoría de las veces son tercos e ignorantes de la verdad y mueren miserablemente tratando de ser Dios y no pueden vivir lo suficiente para ver que han perdido la batalla. Pero tenemos a los que creen que pueden detenerla en lugar de convertirse en parte de ella. Lo que es extraordinariamente sorprendente de la vida es que nadie se queda aquí para siempre. Así que si es buena, ¿por qué no formar parte de la grandeza? Es un reto dejar ir el pasado que ha sido bueno o grande para alguien. Pero a veces la grandeza para una persona es la miseria para otra. Puede que los propietarios de caballos estuvieran horrorizados por la era del automóvil, pero si el caballo pudiera hablar probablemente diría: "¡Gracias, Señor! Ahora somos libres para hacer otras cosas, cualquier cosa menos la carga que hemos llevado durante tanto tiempo". Donde el cambio puede ser horroroso para un grupo, es más que bienvenido para otro. Sin embargo, lucharon con uñas y dientes contra la llegada de la era del automóvil solo para aprender de la historia que sus hijos no solo comprarían y conducirían un automóvil, sino que solicitarían un trabajo para construirlos. Las familias se pelean porque los hijos elijan el cambio para el futuro mientras los dueños de los caballos se sienten traicionados por su propia sangre. Esto no es una traición, es la vida. Las generaciones anteriores que eran las mejores en la cría y entrenamiento de caballos, sus hijos se habían convertido en los mejores fabricantes de automóviles, mecánicos e ingenieros. Al final, ¿cuántas personas lucharon para que el caballo fuera la gloria de nuestro transporte?

Tenemos muchas lecciones de historia que muestran el fin de una era. Es monumental para la humanidad que la gente se sacrifique para hacer de nuestro mundo un lugar mejor para vivir en armonía y unidad. Debemos acoger el cambio si es para que una nación alcance la grandeza. Gracias a los inventos y descubrimientos, somos una nación conocida en todo el mundo por su grandeza. Estamos en la cúspide de una nueva era de "Hacer América más grande", no solo de "Hacer América grande" de nuevo. Si realmente creemos en "Hacer grande a América de nuevo" entonces debemos volver al Dios que la hizo grande en primer lugar.

¿Cómo podemos "hacer grande a América de nuevo" sin el Dios que la hizo grande? Nuestro Dios es un Dios progresista y si no estás a favor del progreso entonces no estás a favor de Dios. Bendiciones es "añadir a" o multiplicar", lo que significa que Dios añade a nuestras vidas. Satanás, por otro lado, "divide y resta" de nuestras vidas. El diablo es el dios de la división. Necesitamos abrazar lo que nos hizo "Grandes", y ser honestos sobre lo que nos hizo no tan grandes como nación. La división es nuestro enemigo que no necesita ser glorificado. La unidad es nuestra amiga, el poder y la fuerza que nos eleva por encima de nuestros adversarios. Nuestros sabios líderes de ayer pudieron ver muy lejos en el futuro cuando nos llamaron "Los Estados Unidos de América". Este es el Sello de nuestra primera moneda, el billete de un dólar. Es la marca de lo que somos. Miren el billete de un dólar y vean la visión divina de nuestros antepasados. Ellos comprendieron algo que nosotros damos por sentado. Unidos nos mantenemos y divididos caemos. También en el reverso del dólar está: "EN DIOS CONFIAMOS". Estas cosas son a propósito para un propósito mayor que la época en que fueron escritas, pero para una América mucho más grande que la que ellos vivían cuando pegaron el billete para nuestro primer billete de un dólar. El Gran Sello en el reverso de nuestro lema en dólares es, Annuit Coeptis, que en latín significa, "Dios ha aprobado nuestros compromisos" o "Dios nos ha favorecido". Si permitimos que alguien elimine a Dios de nosotros, sin duda eliminarán el favor de Dios que está sobre América. El segundo lema es, "Novus Ordo Seclorum", que en latín significa, "Un Nuevo Orden de las Edades (ha nacido)". En pocas palabras, "El fin de una era". Otro lema en el otro GranSello dice: "E Pluribus Unum", del Gran Sello de los Estados Unidos de América, y significa: "De muchos, uno". Esto proviene de los escritos de Cicerón, quien dijo: "Cuando cada persona ama a la otra tanto como a sí misma, hace uno de muchos". Esta es nuestra promesa de "Unidad" una vez más. Muchos estados actuando como Una nación es nuestra base para el establecimiento de esta Gran Nación que hemos llegado a amar, "Los Estados Unidos de América". Para que amemos a nuestro país, debemos saber que su propia supervivencia depende de nuestra voluntad y determinación de unirnos en lugar de dividirnos. Estamos encontrando más razones para ser definidos como, "Los Estados Divididos de América".

"Mas él, conociendo los pensamientos de ellos, les dijo: Todo reino dividido contra sí mismo, es asolado; y una casa dividida contra sí misma, cae".

(Lucas 11:17)

Si decimos que amamos a nuestro país, entonces debemos llegar a la raíz de lo que nos divide y comenzar nuestro proceso de curación para estar unidos. ¿Cuánto tiempo más podemos soportar estar divididos? El diablo no va a esperar a que los estadounidenses lo solucionemos. Y tenemos que arreglar las cosas entre nosotros y nuestro Dios que nos bendijo en primer lugar. Sin el favor de Dios el mundo no tendrá una razón para respetarnos o temernos. El diablo siempre busca la manera de infiltrarse. No se lo pongamos tan fácil ayudándole y justificándolo.

Un ejemplo de ello son los padres fundadores de esta nación, que no proclamaron ser perfectos ni mucho menos, pero lo que sí ejemplificaron es la voluntad de reconocer a Dios al dar sus siguientes pasos para el cambio. Fueron lo suficientemente humildes como para saber que sin Dios habrían perdido muchas batallas y guerras. Sus victorias contra naciones más establecidas y poderosas en la época del primer dólar les dieron la inspiración para su sello. No lo vieron en ese momento, pero creyeron en Dios por fe por una razón mayor. Este sello se convertiría finalmente en el "Gran Sello"; el mayor símbolo de poder en el mundo moderno. Los líderes de esta Gran Nación no lo vieron con sus ojos, lo vieron por fe en Dios. Este mismo Dios que los ha bendecido, empoderado, protegido y provisto, y los ha sacado de situaciones imposibles en las que sabían que fue por intervención divina que salieron vivos. ¡Dios les prometió que si lo mantenían primero los haría Grandes! ¿Cómo puede "Estados Unidos ser grande de nuevo" si abandona a Dios y los principios a partir de los cuales se estableció?

En nuestra calidad de líderes del mundo moderno, tenemos la capacidad de ver nuestros errores, aprender de ellos y hacer los ajustes necesarios para lograr el cambio. Para salvar a una nación debemos hacer una evaluación adecuada. No, no fuimos perfectos, pero sí favorecidos. En cambio, debemos aprender de nuestros errores, no repetirlos ni intentar resucitarlos. Lo que funcionó ayer no funcionará hoy. La gente ha cambiado... los tiempos han cambiado, y nosotros debemos, con una brújula moral, cambiar para mejor.

Si Estados Unidos ha de seguir siendo "América la Bella", entonces debe deshacerse de la fealdad del odio, el racismo, la intolerancia, el sexismo y la anarquía que ofende a Dios. Se ha recibido una visita de Dios y se ha dejado muy claro que la forma en que este país comenzó no era la forma en que terminaría. Dios siempre usó grandes líderes para lograr el cambio que no se dejan intimidar por los que se oponen al bien mejor.

Escucha lo que Dios dice en Su palabra sobre los líderes y el gobierno; *"Que toda persona se someta a las autoridades que gobiernan. Porque no hay autoridad que no provenga de Dios, y las que existen han sido instituidas por Dios. Por lo tanto, quien se resiste a las autoridades, se resiste a lo que Dios ha designado, y quien se resiste incurrirá en juicio. Pues los gobernantes no son un terror para la buena conducta, sino para la mala. ¿No quieres tener miedo del que está en la autoridad? Entonces haz lo que es bueno, y recibirás su aprobación, pues es un servidor de Dios para el bien. Pero si haces lo malo, teme, pues no lleva su arma en vano. Pues es el siervo de Dios, un vengador que ejecuta la ira de Dios sobre el malhechor. Por tanto, hay que estar sometido, no solo para evitar la ira de Dios, sino también por la conciencia."*

Esta es la razón por la que el Dr. Martin Luther King hizo "protestas no violentas" porque fue dirigido por Dios sobre cómo manejar estas manifestaciones. Entendió muy claramente que los líderes debían rendir cuentas a Dios sobre cómo manejar a los ciudadanos y la ley. Así que, para los líderes que abusaron de su autoridad, NO hay "Descanso en paz" para ninguno de los que mataron y abusaron. Están en el otro lado de la vida, una eternidad en el Infierno (cárcel del más allá en espera de juicio); nadie se libra de nada. Dios es el verdadero Juez. Nos guste o no quien está en el cargo, Dios los puso ahí. Buenos o malos, Dios los juzgará a todos y les pagará de acuerdo a cómo trataron a su pueblo en su momento.

Cuando la era de la **esclavitud** llegó a su fin, Dios usó a su siervo, Abraham Lincoln, para emitir la Proclamación de Emancipación en 1863. ¿Por qué? Porque la era de la **esclavitud** había llegado a su fin. La esclavitud ahora se había convertido en un problema para Dios y los hombres. La Proclamación en sí liberó a muy pocos esclavos, pero fue el toque de difuntos para la esclavitud (el indicio del fin de una era) en los Estados Unidos. Finalmente, la Proclamación de la Emancipación condujo a la propuesta y ratificación de la Decimotercera Enmienda a la Constitución, que abolió formalmente la esclavitud. No es casualidad que fuera la Decimotercera Enmienda, porque trece significa "El Número Espiritual Más Alto Posible". Mira el reverso del billete de dólar y encontrarás signos y símbolos del "13" por todas partes. América no se estableció cómo nación hasta que tuvo 13 colonias. ¿Piensas que esto es casualidad? ¡De ninguna manera! ¡Dios tiene el control!

De 1865 a 1965 fueron cien años de no dejar ir a los

esclavos por completo, aunque la ley lo dijera, porque un grupo los veía como esclavos mientras que por otro lado, Dios los veía como hijos. Cuando la era de la esclavitud terminó en Egipto, el Faraón sintió que los esclavos le pertenecían. Cuando decidió no dejarlos ir después de 400 años, comenzó una pelea con Dios. Ya sabemos quién ganó. Cuando el fin de esa era llegó a su fin, entonces el Faraón no tuvo ninguna oportunidad en esta pelea. Debido a que fue tan poderoso sobre los hebreos durante tanto tiempo, realmente pensó que era por su poder. Pero no es así, Dios hizo una promesa a Abraham de que su simiente estaría en esclavitud por 400 años y después de que ese período terminara (fin de una era), Él los liberaría y mantendría su promesa a Abraham; este fue el pacto de Dios con él. Mientras Dios guardó silencio durante 400 años el Faraón estuvo a cargo, pero cuando Dios envió a su siervo Moisés a decirle al Faraón que dejara ir a su pueblo, cada día que los mantenía en esclavitud estaba violando a Dios Todopoderoso.

En agosto de 1619, un barco con 20 cautivos desembarcó en Point Comfort, en Virginia, dando inicio a la era de la esclavitud americana. En 1865, el presidente Abraham Lincoln utilizó la autoridad que Dios le había dado aquí en la tierra para liberar a los esclavos; le costó la vida. "Visitaremos Tierra Santa y veremos esos lugares santificados por las huellas del

Salvador", dijo el presidente. "No hay lugar que desee tanto ver como Jerusalén". Estas son, pues, las últimas palabras de Abraham Lincoln en este mundo. La Ley de Derechos Civiles de 1964 fue propuesta por primera vez por el presidente John F. Kennedy, pero fue firmada por su sucesor, Lyndon B. Johnson. Se tardó cien años en conseguirlo: la Guerra Civil, la vida de dos presidentes en particular e innumerables vidas. Así que este viaje ha sido de 400 años, agosto de 2019 nos trajo hasta la fecha de 400 años desde que este viaje comenzó. Cuatrocientos años de la gracia de Dios. El año 2019 marcó el fin de una era. El año 2020 es el primer año de una nueva era. El 2020 es el 20/20 de Dios, el año para mostrarnos lo mucho que necesitamos una visión correctiva, para hacer posible ver nuestra historia a través de los ojos de Dios. El año 2020 entró con fuerza. Queríamos que el 2020 desapareciera para que llegara un nuevo año, ¡pero el 2021 llegó con otra explosión histórica! Año número dos de la nueva era. El 6 de enero de 2021 el ataque a la capital de nuestra nación va a pasar a la historia de nuestro país no como un día glorioso, sino de pecado y vergüenza. ¿Quién podría haberlo imaginado? ¿Por qué? ¡Es divino! ¡Es espiritual! Así como COVID-19 es real pero no podemos verlo, Dios es real pero no podemos verlo, sin embargo vemos los efectos. Créanlo, hemos entrado en una nueva era y la gracia de Dios se está agotando debido a nuestra arrogancia y orgullo. Tantas vidas americanas perdidas y no solo en este país sino en todo el mundo. La última vez que el mundo se reunió por una tragedia de esta escala, terminó con una Guerra Mundial. Hay que ver las señales y no tratar de escapar de la verdad. El coronavirus es el comienzo de una Guerra Mundial con un enemigo que no podemos ver, que está en contra de la humanidad. El llamamiento para derrotar a este enemigo es la unidad y no la división. Todos necesitamos la sabiduría divina, pero nuestros líderes tendrían que humillarse y admitir que necesitamos la ayuda de Dios en este caso. Ya que los hombres no pueden hacerlo bien, no quieren humillarse y rezar y buscar el rostro de Dios, ¿se necesitará a la mujer para hacerlo?

Pero ahora, ¡ella debe ser escuchada fuerte y claramente a través de su propia voz! Ella tiene que ser traída a la luz para ayudar a arreglar este problema que el mundo está teniendo. Se van a necesitar todas las mujeres del mundo para arreglar los problemas que tenemos en el mundo; ¡tiene que ser un esfuerzo global! ¡La serpiente apuntó a la mujer desde el principio y ella será escuchada al final! Si los que se oponen al mal no le dan una plataforma para ser escuchada, la serpiente seguramente lo hará. Cuando la iglesia le dijo que se callara, ¡el mundo le dio un cuerno!

¿Debemos nosotros, que decimos ser los líderes de Dios, darle el derecho de ser escuchada, ya que en las escrituras, vemos como el enemigo la odia? Debemos enseñarle y protegerla. No la controlamos, sino que la ayudamos como luces de guía en este mundo oscuro. De nuevo, no estoy dando poder a la serpiente en la mujer, sino al Dios en ella; hay una diferencia. Si una mujer está trabajando fielmente para traer el bien a cualquier situación, debe ser escuchada, apoyada y confiada. ¿Somos hipócritas, tenemos miedo al cambio? La utilizaremos para el mal, pero necesitamos su aportación para el bien, la necesitamos para el cambio. La tierra la escuchará; la Palabra de Dios lo dice. "Y la tierra ayudó a la mujer y se tragó el diluvio que la serpiente envió para llevarse a la mujer". Todas las creaciones están sufriendo, esperando que la mujer se revele. La mujer está trabajando horas extras en su apariencia externa, y no invierte mucho en el corazón. ¡Ella no puede cumplir su propósito cargando con todo ese daño y dolor! La estamos alentando a ser vanidosa; "¡un caramelo para los ojos!". ¡Pero ella es más que eso! Lo que ella tiene en su interior es poder; intelectual. Tal vez seamos parcialmente responsables al negarle una voz. Tiene que ser escuchada de una forma u otra; así es ella, y tenemos que tomarnos más tiempo para conocerla.

"América La Bella" es justo lo que es cuando se centra en quien la hizo bella.

La gracia de Dios estaba en ella antes. ¿Podría ser que Su gracia esté sobre ella si toma el timón con Él como capitán? Dios le mostró a una mujer llamada Katherine Lee Bates en 1893 la belleza de este país aunque la intolerancia y el odio se interpusieran en su camino. Ella escribió este poema, que más tarde se convirtió en una canción junto con Samuel A. Ward. Viajando en tren y mirando por la ventana, escribió lo que se inspiró en la creación de Dios. Aunque Estados Unidos estaba lejos de ser perfecto, esta inspirada obra tenía palabras de esperanza. Algo pasado, presente y futurista al mismo tiempo, aquí está " América La Bella:"

"¡Oh, hermoso para los cielos espaciosos, para los caminos ámbar del grano, para las majestuosas montañas púrpuras Sobre la llanura frutal!

¡América! ¡América! Dios derrame su gracia sobre ti, y corone tu bien con la hermandad, de mar a mar brillante".
(desde el Océano Atlántico hasta el Océano Pacífico)

Dios sigue esperando que América esté a la altura de lo que le dio en estas palabras".

La mujer es conocida por haber sido hecha de la costilla del hombre, pero en el cielo es conocida por haber sido creada del corazón de Dios. Ella representa la gloria de Dios. Por eso tiene tantos enemigos con y sin prejuicios. Su enemigo hará cualquier cosa para hacerla sentir insegura, mientras sabe que no puede hacer el trabajo sin ella. Hará cualquier cosa para que ella no dirija. Ella puede ayudar con límites y restricciones, pero no tiene libertad para aportar sus soluciones y resolución. Él le dará baratijas de éxito pero no todo el juego. Finalmente, Dios, su creador, le dará la oportunidad de arreglar las cosas con Dios y con los hombres y le dará la venganza que no pudo darse a sí misma. La venganza no consiste en destruir a su enemigo, sino en mostrarle cómo es el liderazgo cuando Dios está al mando. Dios será su protector y su guía. Él le dará sabiduría para liderar. Él no la está poniendo en roles y posiciones de poder para destruir, sino para salvar. Sé sabio en este tiempo y temporada para entender que el mismo enemigo que te hizo tropezar en el jardín todavía está en lugares hermosos esperando su oportunidad para usarte contra Aquel que te creó para Su propósito. Tu enemigo sabe que eres su reemplazo, la revisión de Dios a su propio proyecto de vida. Dios es el escritor, productor y director de esta película llamada "Vida" y la mujer es el papel principal y la historia no termina con ella en el miedo o la esclavitud, sino en la victoria y sentada en su trono proporcionado por Dios mismo. ¡Este movimiento no puede ser detenido! Fíjate en lo lejos que ha llegado en los últimos 100 años. Mira sus oposiciones y lo que ha logrado a pesar de ellas. Ella debe saber esto, y perseguir a propósito, con su destino en mente. Debe saber que Dios la puso en una posición y lugar de poder. Debe usar su autoridad para obligar a su pueblo y a su nación a arrepentirse y volver a su Dios (el de Estados Unidos). Su Dios, que es la verdadera razón por la que fue GRANDE.

Decimos: "Amamos a nuestro país, amamos a América". Es un lugar hermoso, sí lo es, pero ¿cómo podemos amar a América y no a sus ciudadanos? Dios manda que nos amemos unos a otros. La mayoría de nuestros problemas en América se deben a que estamos arruinados en el amor. ¿Quién es América sin la diversidad de gente que no se encuentra en todo el mundo? América es Hermosa por las mezclas y diferencias de personas que no se encuentran en ninguna otra nación. Eso es lo que hace a América, América: todas las muchas razas de personas de todo el mundo encontradas en este único lugar. "Muchos juntos como uno solo".

"¡América La Bella!"